DROIT FRANÇAIS

DU MARIAGE

ET

DU CONTRAT DE MARIAGE

PAR CH. DELMAS, AVOCAT

PRIX : 3 FR.

ALBI
IMPRIMERIE ERNEST DESRUP
1873

DU MARIAGE

ET

DU CONTRAT DE MARIAGE

PAR CH. DELMAS, Avocat.

~~~~~~

ALBI

IMPRIMERIE ERNEST DESRUE

1873

Au moment où s'agitent les grandes questions sociales qui doivent avoir une si grande influence sur les destinées de notre pays, il n'est pas superflu de rechercher les moyens de poursuivre l'œuvre de la régénération et de les signaler à ces grands esprits réformateurs qui, se préoccupant seulement de détruire les effets sans connaître les causes, ont la prétention de guérir le mal par des procédés violents et rapides. Mais, tel traitement qu'on appliquerait avec succès à l'ordre physique ne saurait convenir à l'ordre moral. Il ne s'agit pas, en effet, de renverser les institutions sociales existantes pour les remplacer par des systèmes radicaux, mais plus défectueux; il convient, au contraire, de réformer lentement et progressivement en modifiant successivement les moyens. N'accordons pas notre attention à ces utopistes égarés dont les théories fantaisistes rongent la société dans sa base, mais efforçons-nous plutôt de rendre l'État meilleur en nous améliorant nous-mêmes : nous y arriverons par l'observance des lois morales et civiles.

Il est un principe certain, c'est que l'État ne

peut exister sans la famille. Sans elle, sans cette union intime, sans cette communauté de sentiments qui fait la force de toute réunion d'individus, l'ordre moral n'est plus. Des dissensions dans la famille naissent les dissensions dans l'État.

Or, notre but, essentiellement utilitaire, a été de mettre à la portée de tous les esprits, en les réunissant dans un ensemble facile à embrasser, les lois morales et civiles qui réglementent l'acte d'où naît la famille, c'est-à-dire le mariage.

D'où viennent, en effet, le plus souvent les divisions dans les familles, si ce n'est de l'ignorance de l'acte le plus essentiel de la vie, au moment où les parties le contractent ? Aussi, ne saurait-on en étudier trop minutieusement les détails pour arriver à la connaissance parfaite des devoirs qu'il impose et des obligations réciproques des époux qui le consentent.

Il n'est pas moins essentiel encore d'être à même de réglementer soi-même et sciemment ses intérêts pécuniaires, c'est-à-dire en se rendant un compte exact des engagements que l'on s'impose, comme aussi des droits que l'on acquiert, pour que plus tard des contestations fâcheuses ne viennent pas rompre, à ce propos, l'union sans laquelle ne peut exister la famille.

Telle est, en effet, souvent la cause véritable de la désorganisation de la société. Tel est aussi le point de départ de l'œuvre régénératrice, et ce n'est pas sans raison que l'autorité civile a mis toute sa sollicitude à atteindre un but aussi désirable par des lois dont la connaissance parfaite et l'exécution scrupuleuse assureront les effets du mariage, qui est la pépinière des familles et la base de la société tout entière.

PREMIÈRE PARTIE.

Qu'est-ce que le Mariage?

Si nous consultons les philosophes, le mariage n'est que le rapprochement des deux sexes; si nous en cherchons la définition chez les jurisconsultes, ils nous répondront que le mariage est un contrat purement civil; enfin, si nous nous adressons aux canonistes, nous apprendrons d'eux que le mariage est un sacrement, ou ce qu'ils appellent *le contrat ecclésiastique.*

Aucune de ces définitions prise isolément n'est exacte; la meilleure que l'on connaisse est celle qu'en a donnée l'empereur Justinien, dans ses Instituts, en ces termes : *Nuptiæ sive matrimonium sunt viri et mulieris conjunctio justa, individuam vitæ consuetudinem continens.* Sans entendre traduire littéralement ces mots, nous croyons qu'ils peuvent être rendus par ceux-ci : Le mariage est la société régulière de l'homme et de la femme, qui s'unissent pour perpétuer leur espèce, pour s'aider par des secours mutuels à supporter le poids de la vie, et pour partager leur commune destinée.

C'est là, sans doute, le but du mariage; mais des passions sans mesure et des désirs immodérés troublent souvent dans cette société l'harmonie que commande la définition que nous venons d'en donner. Voilà pourquoi il a fallu prendre des mesures générales, pour assurer autant que possible aux parties contractantes les moyens de parvenir au but qu'elles se proposent en formant ce lien. C'est justement ce qu'a voulu faire l'autorité civile par les lois qu'elle a portées sur cette matière, digne du plus grand intérêt.

Avant d'entrer dans l'explication du texte même de la loi, il n'est pas superflu d'établir la distinction qui existe entre les termes employés dans la rédaction. Ainsi, *le mariage* et *le contrat de mariage* sont deux contrats distincts qu'il ne faut pas confondre.

Le mariage est le contrat qui se fait devant l'officier de l'état civil et par lequel les époux acceptent les droits et les devoirs que la loi leur dicte; tandis que *le contrat de mariage*, reçu par un notaire, détermine leurs droits respectifs; c'est le règlement de l'association conjugale. Le premier est le contrat principal; le second, le contrat accessoire. Nous suivrons dans notre examen l'ordre et la division adoptés par le législateur, c'est-à-dire que nous étudierons d'abord les règles qui déterminent les conditions et formalités relatives à la célébration du mariage en même temps que les obligations qui en dérivent, nous réservant de passer ensuite en revue les dispositions que le Code propose aux contractants sans les leur imposer, afin de leur faciliter la réglementation de leurs intérêts pécuniaires.

CHAPITRE PREMIER.

DES QUALITÉS ET CONDITIONS REQUISES POUR CONTRACTER MARIAGE.

Le but du mariage, considéré sous le rapport du droit naturel, étant la propagation de l'espèce humaine, il faut que ceux qui contractent cet engagement aient les qualités nécessaires pour en remplir les devoirs. Suivant le droit romain, dont une partie de la France avait adopté les dispositions, les femmes pouvaient contracter mariage après l'accomplissement de la douzième année, et les hommes après quatorze ans, aussi accomplis. Les auteurs du Code ont sagement fait de porter cette époque à un terme plus éloigné (dix-huit ans pour l'homme, quinze ans pour la femme) : ce n'est pas que la nature n'ait ses caprices et qu'il ne se trouve des hommes qui, longtemps avant d'être parvenus à l'âge de dix-huit ans révolus, ont toutes les qualités propres au mariage sous le rapport dont nous nous occupons ; mais ce sont là presque autant d'exceptions à la règle générale.

La diversité des climats n'a pas une mince influence sur l'époque où les hommes sont propres à leur reproduction, et elle est en général plus retardée dans les pays du nord que dans ceux du midi ; mais cette différence n'est pas telle qu'elle dût engager le législateur à permettre dans ces derniers pays ce qu'il aurait prohibé dans les autres. D'ailleurs, il ne peut résulter qu'un bien général pour l'humanité du retard de l'époque à laquelle il est permis de contracter mariage ; les forces physiques de l'homme ont besoin d'un développement qui ne s'opère en lui que dans la pleine puberté, et rien n'est plus funeste que d'anticiper sur les moyens que nous attendons de la nature.

Néanmoins, comme, il n'est pas de règle qui n'ait ses exceptions, il peut se présenter telle circonstance qui déterminera le Chef du pouvoir exécutif à accorder la permission de se marier avant l'époque fixée par la loi, et cette permission n'aurait rien de choquant, puisqu'elle ne serait qu'un retour partiel à ce qui formait auparavant le droit commun d'une partie de la France.

Une fois la condition de l'âge remplie, il en est une essentielle et sans laquelle il ne peut y avoir mariage : c'est le consentement. Il est, en effet, de la nature des contrats de n'être valables qu'autant que toutes les parties y ont donné leur consentement, et ce consentement doit être libre, parce qu'il ne doit avoir d'autre base que la volonté. Si cette condition est requise dans les contrats en général, elle l'est à plus forte raison dans le mariage, qui de tous est le plus essentiel et dont les conséquences sont du plus grand intérêt.

L'impubère est donc par cela même incapable du mariage, non-seulement comme n'ayant pas atteint l'âge où il est permis de contracter cet engagement, mais encore parce qu'il est incapable de volonté, sans laquelle il ne saurait y avoir de consentement. Il en est de même de tous ceux qui sont privés de l'usage de la raison, comme les furieux, les insensés et autres qui sont dans un état tel qu'il ne leur est pas possible de manifester leur volonté.

Le consentement des parties contractantes étant absolument nécessaire pour la validité du mariage, si l'une d'elles a été violentée ou trompée, le mariage est nul; mais la violence exercée doit être telle, qu'il n'ait pas été possible, même à un homme d'un caractère ferme, de s'y soustraire. Quant à l'erreur pratiquée à l'égard de l'un des conjoints, elle doit porter sur la personne et non sur les qualités : Ainsi, Jean doit épouser Marie, à laquelle on substitue Marguerite; si Jean se marie avec Marguerite, croyant épouser Marie, il est évident qu'il n'a pas consenti à son mariage, et c'est en cela que consiste l'erreur qui donne lieu à la dissolution du mariage. Mais si l'erreur ne tombe que sur les qualités de la personne, elle n'est pas de nature à produire cet effet : Pierre a cru épouser une femme riche, tandis que ses dettes la laissent sans fortune; sans doute, il y aura erreur, mais cette erreur n'est qu'un mécompte incapable de faire prononcer la nullité du mariage.

Il en est de même lorsque Pierre, croyant épouser une femme vertueuse, honnête, unit malheureusement son sort à une femme sans mœurs et sans principes; il n'est pas d'erreur plus funeste, et cependant ce ne sera pas un moyen à faire valoir pour obtenir la dissolution du mariage, parce que Pierre n'en aura pas moins consenti à prendre pour femme celle qu'il a épousée. D'ailleurs, il faut avouer qu'on n'entendrait retentir les tribunaux que de demandes en déclaration de nullité de mariage, si les motifs pris de l'erreur dans la fortune et dans la conduite étaient suffisants pour rompre un lien que la nature et la loi s'accordent à regarder comme indissoluble.

Notre Code, en parfaite harmonie sur ce point avec les lois romaines, ne permet pas de contracter un second mariage avant la dissolution du premier. Il est cependant des cas où le second mariage est légitimement contracté pendant la durée du premier: par exemple, lorsque l'époux contractant est persuadé que son conjoint, absent depuis longtemps, est décédé; la loi a voulu pour cela que les circonstances soient bien pressantes et qu'elles ne laissent absolument aucun doute sur le fait du décès de l'absent. Lorsque le conjoint a pris toutes les précautions que la prudence recommande, il n'a plus aucun reproche à craindre et son mariage est légitimement contracté. Ce n'est pas que, si l'absent reparaît, il n'ait pas le droit de réclamer son conjoint et de faire dissoudre le nouveau mariage; mais les enfants issus de ce second mariage jouissent de tous les avantages de la légitimité, même en supposant que l'un des deux contractants pût être convaincu de mauvaise foi. Cependant, s'il était prouvé que le père ou la mère avait eu connaissance de l'empêchement, sans porter atteinte à l'état des enfants qui seraient provenus de ce mariage, on devrait priver ce père ou cette mère de la succession *ab intestat* ou testamentaire de ces enfants.

Le consentement des parties contractantes ne suffit pas dans le mariage: il faut aussi celui des père et mère, si les enfants n'ont point atteint vingt-cinq et vingt et un ans accomplis, suivant le sexe (vingt-cinq pour l'homme, vingt et un pour la femme). Cette nécessité du consentement des père et mère au mariage de leurs enfants n'est pas en France, comme elle était chez les Romains, fondée sur la puissance paternelle; elle l'est sur l'honnêteté publique et sur le respect que doivent les enfants aux auteurs de leurs jours. Voilà pourquoi le consentement de la mère est tout aussi bien requis que celui du père; tandis qu'à Rome, où les mères n'avaient pas leurs enfants sous leur puissance, on n'exigea jamais leur consentement au mariage de leurs enfants : *Consensum habeant parentum in quorum potestate sunt vel esse possunt.*

La loi n'a pas distingué les enfants qui auraient été déjà mariés de ceux qui ne l'auraient point été; ils doivent donc être soumis aux mêmes formalités.

Mais comment peut s'y prendre un enfant dont le père a disparu? Cette circonstance le dispense-t-elle de remplir le vœu de la loi? Il y a quelques distinctions à faire. Si la mère est vivante lorsque l'enfant veut se marier, et si, à cette même époque, le jugement de déclaration d'absence a été rendu, l'enfant pourra se marier avec le seul consentement de sa mère; si la mère est décédée, il faut distinguer encore : ou l'enfant veut se marier après le jugement déclaratif de l'absence de son père, auquel cas il doit obtenir le consentement de ses aïeuls, en supposant qu'ils soient en vie; ou ces aïeuls n'existent pas, et, dans ce cas, c'est à la famille assemblée à suppléer à ce consentement. Si la mère refusait le consentement et si le père l'accordait, l'enfant pourrait contracter mariage sans encourir aucune peine. Ainsi le décide le Code avec raison, parce que le père, étant le chef de la famille, doit avoir la voix prépondérante dans une opposition de sentiments entre sa femme et lui.

Si l'un des deux est mort ou dans l'impossibilité de manifester sa volonté, le consentement de l'autre suffit. — Mais la mère, devenue veuve, ayant contracté une nouvelle union, les enfants du premier lit encore mineurs peuvent-ils se marier sans son consentement, pourvu qu'ils le requièrent respectueusement? Cette question donna lieu à de nombreuses controverses. Notre Code ne prononce pas sur ce point d'une façon particulière, mais il le décide implicitement, puisque, dans sa rédaction, il ne fait pas de distinction entre la femme remariée et celle qui ne l'est point. Il faut convenir, du reste, que, quoique la femme remariée ne doive pas s'attendre de la part de ses enfants au même degré d'affection que si elle n'eût point contracté un nouvel engagement, cependant l'honnêteté publique et le respect envers leur mère, dont rien ne saurait les dispenser, leur commande d'attendre son consentement pour l'acte le plus important de la vie, qui est le mariage.

A défaut des père et mère, la loi fait un devoir aux enfants d'obtenir le consentement des aïeuls et aïeules; ceux-ci remplacent les père et mère, et l'aïeul, en cas de dissentiment avec l'aïeule, jouit du même avantage que le père vis-à-vis de sa femme, dans le même cas; mais si les aïeuls ont une opinion différente dans les deux lignes, que la paternelle, par exemple, veuille accorder le consentement refusé par la ligne maternelle, ce partage emportera consentement, c'est-à-dire que, sans donner la préférence à l'opinion de l'une de ces lignes sur l'autre, elles seront censées avoir l'une et l'autre consenti au mariage.

Mais il est possible que les pères ou mères et, à leur
défaut, les aïeuls ou aïeules ne veuillent pas donner leur
consentement au mariage de leurs enfants; dans ce cas,
comme ces enfants, parvenus déjà à un âge où la voix
de la raison s'est fait entendre, ne doivent pas être les
dupes du caprice ou de l'insouciance de leurs parents,
la loi a voulu y suppléer, tout en conciliant les égards
que doivent les enfants aux auteurs de leurs jours avec
les droits de la nature, qui tiennent en quelque sorte
à ceux de la société, et pour cela elle a dicté les dispositions aux termes desquelles les enfants ayant atteint
la majorité dont il est parlé plus haut (vingt-cinq ans
pour les fils, vingt et un ans pour les filles) sont tenus,
avant de contracter mariage, de demander, par un acte
respectueux et formel, le conseil de leur père et de
leur mère ou de leurs aïeuls et aïeules, lorsque leurs
père et mère sont décédés ou dans l'impossibilité de manifester leur volonté.

Cette demande devra être renouvelée deux autres fois,
de mois en mois : mais le Code ne prescrit cette formalité qu'aux garçons qui se trouvent placés entre l'âge
de vingt-cinq ans et celui de trente, et aux filles ou
veuves qui, âgées de vingt et un ans, n'ont pas encore
atteint l'âge de vingt-cinq ans. Cette formalité remplie,
il est permis aux enfants qui ont l'âge dont nous venons
de parler de passer outre à la célébration du mariage,
nonobstant le défaut de consentement, pourvu néanmoins
qu'ils laissent s'écouler encore un mois depuis le dernier
acte, qui est le troisième.

Le motif de la loi a été pris de ce que les enfants
de cet âge, n'étant pas encore parvenus à ce degré de
maturité qu'ils peuvent acquérir par la suite, ont plus
de temps pour réfléchir sur le mérite des motifs qui
engagent leurs ascendants à ne pas consentir à leur

mariage. Sans doute, il est possible qu'il se trouve des pères qui, dans leurs refus, ne suivent que les mouvements de leur caprice ou d'une aveugle volonté; mais on doit croire que le plus grand nombre ne se décide à refuser ce consentement que pour des raisons probablement légitimes; les pères savent mieux que leurs enfants ce qui convient à leurs intérêts, et leur tendresse pour eux est un guide qui les trompe difficilement. Lors donc qu'un père reconnu sage et raisonnable s'oppose au mariage de son fils, lorsqu'une bonne mère de famille fait éprouver à ses enfants son refus de consentir à leur union, nous devons penser que ce refus n'a d'autre cause que l'intérêt même des enfants. Voilà pourquoi la loi a voulu qu'il s'écoulât un certain temps entre les trois sommations respectueuses dont elle prescrit la nécessité et le mariage; ce temps peut faire naître des réflexions utiles. Mais si les ascendants persistent dans leurs refus, et si, de leur côté, les enfants n'abandonnent pas leur dessein, il faut bien que cette lutte se termine, et la loi prononce en faveur de la liberté. Les prescriptions précédentes s'appliquent aux enfants majeurs de vingt et un ans, mais âgés de moins de trente ou de moins de vingt-cinq, suivant la différence des sexes; mais qu'a-t-il été décidé pour ceux qui ont dépassé la trentième année? Ceux-ci n'ont besoin de faire qu'un seul acte respectueux et de laisser s'écouler un mois à dater de cet acte, après lequel délai il leur est permis de passer à la célébration du mariage.

Néanmoins, cette sommation ou acte de respect est d'une nature si grave et si importante, qu'il n'est pas permis de la faire en la forme des actes ordinaires et par le ministère d'un huissier, et la loi investit les père et mère et les ascendants d'une telle dignité, que, même au moment où elle autorise les enfants à contrarier la volonté de leurs parents, elle exige d'eux des marques extérieures de leur vénération et de leur respect. C'est pourquoi elle a voulu que l'acte respectueux fût signifié par deux notaires ou par un notaire assisté de deux témoins; il doit en être dressé procès-verbal qui renferme la réponse, pour qu'on ne puisse point douter de la persévérance dans le refus ou du changement de volonté de l'ascendant à qui l'acte est notifié.

Il est possible que le père, la mère ou autres ascendants auxquels doit être faite cette notification soient absents. La condition des enfants serait alors bien à plaindre, si, sous prétexte de cette absence, il n'était pas possible de remplir le vœu de la loi relatif au consentement; il a donc fallu y suppléer et, pour cela, justifier la cause du défaut d'apport de ce consentement. L'absence n'est réellement constatée que par le jugement qui la déclare : voilà pourquoi jusqu'alors, même après le jugement qui ordonne l'enquête prescrite en pareil cas, toutes les opérations qu'il peut y avoir lieu de faire doivent l'être d'autorité du tribunal civil de l'arrondissement et sur la demande des parties intéressées; il en résulte que l'enfant qui veut contracter mariage, et qui est hors d'état de rapporter le consentement exigé par la loi, doit y suppléer par la présentation du jugement déclaratif d'absence; mais comme ce jugement ne peut être obtenu qu'après cinq années à compter du jour de la disparition ou des dernières nouvelles, et qu'il est très-possible que les enfants de l'absent voulussent se marier avant l'échéance de ce délai, la loi leur a fourni les moyens d'y parvenir, en attachant au jugement qui ordonne l'enquête le même effet qu'au jugement de déclaration d'absence; elle va même plus loin, et, si aucun de ces jugements n'a été encore rendu, elle y supplée par un acte de notoriété contenant la déclaration de quatre témoins, et délivré par le juge de paix du lieu où l'ascendant avait son dernier domicile connu.

Il fallait une sanction aux règles que nous venons d'énoncer; aussi la loi a-t-elle prononcé des peines contre les officiers de l'état civil qui prêteraient leur ministère à des mariages dont les parties contractantes n'auraient point justifié qu'elles avaient obtenu le consentement, lorsque la loi leur fait un devoir de l'obtenir. Ainsi, l'officier de l'état civil qui ne s'est pas fait représenter le consentement donné aux parties contractantes, et n'en aura pas fait mention dans l'acte, sera passible d'une amende qui ne pourra excéder 300 fr. et, en outre, d'un emprisonnement dont la durée ne pourra être moindre de 6 mois. Dans le cas où il n'aurait pas été fait d'acte respectueux, quoique la nécessité en fût prescrite, l'officier de l'état civil devrait être condamné à la même amende de 300 fr. et à un emprisonnement qui ne pourrait pas être moindre d'un mois. Le Procureur de la République fera, en outre, prononcer contre les parties contractantes, ou ceux sous la puissance desquels elles ont agi, une amende proportionnée à leur fortune, lorsque le mariage n'aura pas été précédé des publications requises, ou s'il n'a pas été obtenu des dispenses permises par la loi, ou si les intervalles prescrits dans les publications et célébrations n'ont point été observés. Avec de telles précautions, on peut être moralement assuré que la loi sera exécutée.

Nous n'avons parlé jusqu'ici que des enfants nés dans le mariage. Que penser de ceux nés hors du mariage?

Lorsqu'ils ont été légalement reconnus, on ne peut plus dire d'eux : *Neque genus neque gentem habent;* mais ce n'est point pour cause de puissance paternelle à exercer sur ces enfants que la loi les a assujettis à l'exécution des mêmes formalités que les enfants légitimes. Ce genre de puissance ne s'acquiert que par le mariage. Quel est donc le lien qui les unit à leurs père et mère? Celui

2

du droit naturel; et c'en est assez pour les soumettre à la nécessité de remplir vis-à-vis d'eux les mêmes devoirs. Mais si leur père ou mère vient à mourir, devront-ils, comme les enfants légitimes, requérir le consentement de leur aïeul, s'il est vivant? Ils n'y sont point obligés, et la raison en est prise de ce que ces enfants ne tiennent à leur père ou mère que par le droit naturel; tout ce qui procède du droit civil leur est étranger, ils n'ont donc pas d'aïeux, et c'est pourquoi la loi s'est bornée à exiger d'eux le consentement de ceux des auteurs de leurs jours qui les ont reconnus.

Les enfants non reconnus et ceux nés *ex nefario coitu* n'ont, aux yeux de la loi, ni père ni mère; ils n'ont dans ce monde qu'une existence physique; ils ne pouvaient donc être assujettis à cette démarche. Cependant, quoique des individus de cette espèce n'appartiennent en quelque sorte à personne, dans ce sens qu'ils n'ont aucun parent, ils appartiennent à la société prise collectivement, et c'est sous ce rapport que la loi a cru devoir veiller à leur établissement pendant leur minorité : elle a voulu qu'il leur fût nommé un tuteur *ad hoc* spécialement choisi pour cet objet, et qu'ils obtinssent de ce curateur le consentement à leur mariage.

Les règles que nous venons d'énumérer, relatives à la nécessité d'obtenir le consentement des ascendants, supposent nécessairement l'existence de quelqu'un d'eux; il peut cependant arriver qu'aucun ne soit en vie, ou qu'ils se trouvent tous dans l'impossibilité de manifester leur volonté, et, dans ce cas, il faut distinguer : ou l'enfant qui veut contracter mariage, soit garçon, soit fille ou veuve, est mineur, c'est-à-dire âgé de moins de vingt et un ans, ou il a dépassé cet âge; s'il a moins de vingt et un ans, il ne peut point se marier sans avoir obtenu le consentement du conseil de famille, et si, au préjudice de cette prohibition, le mineur se permettait de se marier *irrequisito consensu*, il n'est pas douteux que le mariage serait nul. Si l'enfant, au contraire, est majeur de vingt et un ans, il n'a besoin d'aucun consentement de la part de ses collatéraux : la loi le laisse maître de ses actions à cet égard, sans distinguer s'il est garçon ou fille.

Il faut remarquer qu'il ne s'agit ici que de la majorité proprement dite, de celle que chacun acquiert par l'accomplissement de la vingt et unième année de son âge; ce n'est qu'à l'égard des ascendants, et par suite des sentiments de respect que leur doivent leurs descendants, que la loi a cru devoir porter la majorité à vingt-cinq ans pour les garçons; mais, comme les collatéraux ne doivent pas jouir de la même faveur que les ascendants, elle a pensé qu'il suffirait que les enfants fussent parvenus à la majorité ordinaire, c'est-à-dire à l'âge de vingt et un ans, pour les dispenser de requérir et d'obtenir leur consentement après cet âge.

Nous venons d'examiner les formalités qui doivent précéder le mariage. Voyons maintenant entre quelles personnes le mariage est permis, ou plutôt dans quels cas il est prohibé.

Dans tous les temps et chez tous les peuples, le mariage en ligne directe a été prohibé à l'infini, une union de cette espèce étant regardée comme criminelle. Il y en a plusieurs textes dans le droit romain, qui n'ont fait en cela que confirmer un principe qui est dans la loi naturelle. Il en est de même des alliés dans la même ligne, quoique l'affinité ou l'alliance n'ait par elle-même ni ligne ni degré; l'alliance est cette espèce de lien, cette sorte de parenté qui se forme, *par le mariage,* entre un des conjoints et les parents de l'autre, qui ne saurait produire une union illégitime, du moins aux termes du droit civil.

Après avoir déclaré que le mariage est prohibé entre

tous les ascendants et descendants légitimes, la loi ajoute ces mots : *et naturels;* ce qui veut dire que l'empêchement subsiste à l'égard des enfants nés hors du mariage tout aussi bien qu'à l'égard des enfants légitimes; on aurait pu d'abord penser le contraire, sous prétexte que les bâtards ne tiennent aux auteurs de leurs jours que par un lien purement naturel, et qu'ils n'ont, par conséquent, point d'aïeux. Mais, comme l'empêchement est de droit naturel et que cette espèce de droit existe tout aussi parfaitement entre l'enfant né hors du mariage et le père de son père qu'il peut exister entre l'aïeul et le petit-fils légitime, il s'en suit que le mariage est prohibé entre eux tout aussi bien dans l'un que dans l'autre cas.

Dans les temps antérieurs, on avait fort varié sur la fixation du degré de parenté dans lequel on devait se trouver placé en ligne collatérale pour pouvoir contracter mariage. Quoi qu'il en soit, le mariage est permis en France entre personnes qui se trouvent dans des degrés de parenté plus éloignés que celui de frère et de sœur et d'alliés au même degré, c'est-à-dire de beau-frère et de belle-sœur ; d'où l'on peut conclure que les cousins germains ne peuvent éprouver aucun obstacle à le contracter.

Il est prohibé entre l'oncle et la nièce, la tante et le neveu ; mais cette prohibition ne doit-elle pas s'étendre au mariage du grand-oncle avec la petite-nièce, ou à celui de la grand'tante avec le petit-neveu ?

Si l'on consulte le droit romain, on doit dire que, le mariage étant prohibé à l'infini entre les parents dont les uns offrent l'image des ascendants et les autres celle des descendants, il n'est pas plus permis au grand-oncle d'épouser sa petite-nièce qu'il n'est permis au neveu d'épouser sa tante ou à l'oncle d'épouser sa nièce.

Cette question présentait des difficultés, dans ce sens que les prohibitions, étant restrictives du droit commun, doivent être resserrées dans les cas précis pour lesquels elles ont été faites ; que, le Code ne parlant que des personnes qui sont nominativement désignées dans sa rédaction, on ne doit point étendre ces dispositions à d'autres personnes; que si le législateur, qui sans doute connaissait le droit romain sur ce point, eût voulu l'adopter, il s'en serait expliqué en des termes qui auraient énoncé la généralité de ses vues, comme il l'a fait lorsqu'il s'est occupé de la prohibition du mariage dans la ligne directe; que là, il a dit que le mariage était prohibé entre tous les ascendants et descendants, que l'expression *tous* est désignative de tous les degrés dans cette ligne; au lieu qu'ici il s'est contenté de désigner d'une manière limitative l'oncle et la nièce, la tante et le neveu; d'où l'on peut conclure qu'il n'a pas voulu étendre la prohibition au delà de ce degré de parenté.

Il faut convenir que ces raisons sont bien pressantes; cependant on ne peut pas se dissimuler que le motif que donne la loi romaine de sa décision sur ce point est puisé dans une si bonne morale, qu'il n'est pas fort possible de s'en écarter lorsqu'on veut conserver des mœurs qui ont sur le gouvernement une si précieuse influence.

Cette doctrine a été consacrée par une décision du Chef du gouvernement, portée le 7 mai 1808, après délibération du Conseil d'État, dans sa séance du 23 avril précédent, sur le rapport du ministre de la justice, et le mariage est décidément prohibé entre le grand-oncle et la petite-nièce.

C'est par le mariage que se forme la parenté civile; ce genre de parenté ne peut donc exister qu'à la suite d'un mariage légitimement contracté. Mais il est encore une parenté qu'on appelle *naturelle*, parce qu'elle n'a son principe que dans la nature et qu'elle résulte d'une conjonction illégitime. Celle-ci produit-elle une affinité qui soit un obstacle entre l'oncle et la nièce naturels ?

Ce n'a point été là l'intention du législateur; pour s'en convaincre, il suffit de remarquer que, lorsqu'il a prohibé les mariages entre les ascendants et descendants en ligne directe, comme lorsqu'il les a défendus entre le frère et la sœur légitimes ou naturels, il a ajouté ces mots : *et alliés dans la même ligne et alliés au même degré;* d'où il résulte que l'affinité naturelle produit le même obstacle que l'affinité civile.

Mais, quand il s'agit de l'oncle et de la nièce, de la tante et du neveu, il n'est fait aucune mention *des alliés au même degré.* On n'a donc pas eu l'intention de les comprendre dans la prohibition.

Néanmoins, le Chef du gouvernement a la faculté, pour des causes graves, de lever les prohibitions du mariage entre beaux-frères et belles-sœurs, entre l'oncle et la nièce, la tante et le neveu. La possession où était depuis longtemps la cour de Rome d'accorder des dispenses de mariage entre individus unis par les liens du sang, jusqu'à certains degrés, a pu faire croire à des personnes peu instruites que l'autorité civile avait usurpé sur l'autorité ecclésiastique en se réservant la faculté de lever les prohibitions portées par la loi; mais c'est là une erreur, et il est prouvé, au contraire, que, jusque vers le douzième siècle, les princes avaient, chacun dans leur état, constamment joui du droit d'accorder des dispenses en fait de mariage, pour cause de parenté.

Si l'on donne aux législateurs le pouvoir de faire les lois, on ne saurait leur contester celui d'accorder des dispenses d'exécution de ces mêmes lois.

L'un est nécessairement la dépendance de l'autre.

CHAPITRE II.

DES FORMALITÉS RELATIVES A LA CÉLÉBRATION DU MARIAGE.

L'officier de l'état civil remplit aujourd'hui les mêmes fonctions que remplissaient les curés d'après les anciennes ordonnances; et tout comme le mariage n'était valable alors qu'autant qu'il avait été fait par l'un des curés des parties, de même aujourd'hui le mariage ne peut être célébré que par l'officier civil de l'une d'elles. De plus, la loi a voulu attacher à cet acte la solennité qu'il mérite par son importance : c'est pourquoi elle ordonne que le mariage soit célébré publiquement.

Mais, avant la célébration, d'autres formalités sont encore requises. L'officier de l'état civil doit faire deux publications, à huit jours d'intervalle, un jour de dimanche, devant la porte de la maison commune; un acte doit en être dressé et un extrait de cet acte affiché à la porte de la mairie, pendant les huit jours d'intervalle de l'une à l'autre publication, et le mariage ne pourra être célébré avant le troisième jour depuis et non compris celui de la seconde publication. Ces précautions de publicité sont prises afin que les personnes qui connaîtraient quelque empêchement au mariage puissent en être informées et s'opposer à la consommation de l'acte, si elles y ont intérêt. Ces publications doivent être faites à la municipalité du lieu où chacune des parties contractantes a son domicile; si le domicile actuel n'est établi que par six mois de résidence, elles doivent être faites aussi à la municipalité du dernier domicile. La loi veut encore que ces publications soient faites à la municipalité du domicile de ceux sous la puissance desquels se trouvent les parties contractantes, si elles sont encore sous la puissance d'autrui relativement au mariage.

Néanmoins, le chef du pouvoir peut dispenser, pour des causes graves, de la seconde publication. Il est, en effet, des circonstances qui commandent l'abréviation des délais qu'entraîne une double publication; dans ce cas, c'est au procureur près le tribunal de première instance dans l'arrondissement duquel le mariage doit être célébré que sont délégués tous les pouvoirs : c'est lui qui accorde ou refuse la dispense de la seconde publication; mais on ne peut, en aucun cas, obtenir la dispense de la première.

Lorsque, à la suite de cette publicité, il a été formé quelque opposition au mariage, l'officier de l'état civil ne peut le célébrer avant qu'on lui ait remis la mainlevée de l'opposition. S'il n'en existe pas, les parties doivent le faire constater par un certificat délivré par l'officier de l'état civil de chaque commune où les publications ont été faites.

Les futurs époux doivent, en outre, présenter à l'officier civil leur acte de naissance. Celui qui serait dans l'impossibilité de se le procurer pourrait le suppléer en rapportant un acte de notoriété contenant la déclaration, faite par sept témoins, des nom, prénoms, profession, domicile du futur époux et de l'époque probable de sa naissance.

Cet acte de notoriété, dressé par le juge de paix du lieu de la naissance ou par celui du domicile de l'époux, devra être homologué, sur les conclusions du ministère public, par le tribunal de première instance du lieu où doit se célébrer le mariage.

L'officier de l'état civil doit enfin s'assurer que les futurs époux ont obtenu le consentement de ceux sous la puissance desquels ils se trouvent.

Alors seulement le mariage pourra être valablement célébré, et il le sera dans la commune où l'un des deux époux aura son domicile, lequel, quant au mariage, s'établira par six mois d'habitation dans la même commune.

Qu'adviendra-t-il du mariage célébré en pays étranger, entre Français ou entre Français et étrangers ?

Tout ce qui tient à la capacité de la personne la suit partout. Supposons qu'un Français veuille se marier en pays étranger avant d'avoir accompli sa dix-huitième année; il ne le pourra point, parce que la loi française ne le lui permet qu'autant qu'il est parvenu à cet âge, à moins qu'il n'ait obtenu des dispenses. Supposons encore qu'il veuille se marier avant l'âge de vingt-cinq ans : il ne pourra le faire qu'autant qu'il aura obtenu le consentement de son père ou autres ascendants. Enfin, le mariage ne sera valable que si les publications prescrites ont été faites.

Dans les trois mois qui suivent le retour du Français en France, l'acte de célébration du mariage contracté en pays étranger doit être transcrit sur le registre public des mariages du lieu de son domicile, et le motif en est très-sage, puisqu'il tend à rendre plus faciles les preuves de l'état des citoyens; cependant il ne faut pas croire que l'omission de cette transcription puisse influer sur le sort du mariage; il ne sera pas moins valable, s'il est d'ailleurs revêtu de toutes les formalités requises par la loi. C'est un simple acte de prévoyance dont l'omission n'entraîne pas de nullité.

CHAPITRE III.

DES OPPOSITIONS AU MARIAGE.

Il a existé des hommes qui, quoique engagés dans le

lien du mariage, en ont contracté un nouveau. De très-nombreux arrêts ont eu à prononcer sur des contestations de ce genre, et jamais on n'a imaginé d'opposer à l'épouse abandonnée une fin de non-recevoir prise du défaut de qualité. Il appartient donc essentiellement à la personne engagée par mariage avec l'une des deux parties contractantes de s'opposer à la célébration du mariage. Pourrait-il en être de même de celui qui n'a d'autre titre qu'une promesse ? Le porteur d'une simple promesse ne saurait obtenir le même avantage que l'épouse : la voie de l'opposition ne lui est point ouverte; tout ce qu'il peut faire, c'est d'intenter contre celui qui lui a fourni la promesse une action en dommages et intérêts, sans que pour cela il soit en pouvoir de porter obstacle à la conclusion du mariage projeté avec une autre personne. Mais cette action en dommages et intérêts ne doit avoir pour base, lorsqu'il n'y a pas de stipulation particulière à cet égard, que la réparation du dommage causé par l'inexécution de la promesse, et elle ne peut être fondée sur la soustraction du bénéfice qui aurait pu en résulter.

S'il est vrai que la plus entière liberté doive présider au mariage, il est également juste que celle des parties qui offre de l'accomplir ne soit pas dupe d'un changement de volonté dont il est souvent difficile d'assigner une cause raisonnable, et elle éprouverait une perte réelle, si on ne lui remboursait pas toutes les dépenses auxquelles a donné lieu le projet de mariage. Mais, comme nous venons de le voir, le fiancé ne peut avoir recours, dans ce cas, à la voie de l'opposition, parce que la loi n'en donne l'exercice qu'à celui qui est déjà engagé dans les liens du mariage. Et encore, pour qu'il y ait lieu à une action en dommages, faut-il que celui qui refuse d'accomplir sa promesse ait été capable de contracter un pareil engagement; si, par exemple, il n'avait pas l'âge requis pour contracter ce lien, ou s'il était mineur relativement au mariage et qu'il eût fourni cette promesse sans avoir obtenu le consentement de ses ascendants, dans ce cas, son engagement étant nul, il est sensible qu'il ne saurait servir de base à aucune action.

Après l'époux viennent en rang utile, pour former opposition au mariage, le père et, à défaut du père, la mère et, à défaut de père et mère, les aïeuls et aïeules.

Ce n'était pas assez que d'avoir prononcé la nullité des mariages contractés par des enfants mineurs de vingt et un ou de vingt-cinq ans, suivant la différence des sexes, pour n'avoir pas obtenu le consentement de leurs ascendants : la loi a voulu que ceux-ci pussent former opposition au mariage de leurs enfants et descendants, encore qu'ils aient dépassé l'âge de vingt-cinq ans.

En effet, les pères ou autres ascendants savent bien mieux que les enfants eux-mêmes ce qui leur convient sous tous les rapports; leur tendresse pour eux ne leur permet guère de s'égarer dans le choix qu'ils doivent faire pour leur fils d'une compagne destinée à partager, durant tout le cours de la vie, et les plaisirs et les peines dont elle est semée. Cette tendresse et l'expérience, qui est le fruit nécessaire de l'âge, ont produit souvent les meilleurs effets pour les enfants qui, d'ailleurs, nés sans vices, se laissent quelquefois aller à l'impulsion des mauvaises compagnies ou à la fougue de leur âge; l'irréflexion les égare, la réflexion les ramène, et la voix des pères se fait souvent entendre au fond de leur cœur, assez pour les détourner d'un projet d'établissement dont ils étaient hors d'état de connaître les funestes conséquences. Tel est le motif qui a porté la loi à donner aux ascendants un pouvoir si étendu d'opposition. Mais il faut remarquer que, pendant l'existence du père, les autres ascendants, même la mère, sont sans qualité pour former opposition au mariage de leurs enfants ou autres descendants; cette action appartient exclusivement au père, et ce n'est qu'à son défaut qu'elle appartient à la mère, tout comme ce n'est qu'à défaut de la mère que le droit de la former passe sur la tête des aïeuls et aïeules; en sorte que, s'ils la formaient malgré le silence du père, rien n'empêcherait qu'il ne fût passé outre à la célébration du mariage, lorsque les autres formalités requises pour sa validité ont été observées.

Les collatéraux ne doivent pas jouir du même avantage en cette matière. L'affection qu'ils portent au futur époux peut sans doute être bien prononcée, mais elle ne saurait être comparée à celle des pères et autres ascendants; il est même dans l'ordre des choses possibles que des motifs d'intérêt ne soient pas étrangers à des démarches qui tendent à empêcher un mariage : voilà pourquoi il est défendu, même aux collatéraux les plus proches, et à plus forte raison à ceux qui sont placés dans les degrés plus éloignés, de former opposition au mariage, excepté dans les deux cas suivants :

1° Lorsque le consentement du conseil de famille n'a pas été obtenu (dans le cas où il n'y a ni père, ni mère, ni aïeuls, ni aïeules, et que les futurs époux sont mineurs de vingt et un ans).

2° Lorsque l'opposition est fondée sur l'état de démence du futur époux; dans ce cas, le tribunal pourra prononcer mainlevée pure et simple de cette opposition, et l'opposant sera tenu de provoquer l'interdiction et d'y faire statuer dans le délai qui sera fixé par le jugement.

S'il n'y a point de parents au degré de frère ou de sœur, d'oncle ou de tante, ou de cousin germain, ceux qui se trouvent dans les degrés plus éloignés peuvent-ils former opposition au mariage, dans les deux cas où cette opposition est permise aux autres? Nous ne pensons pas que cette faculté doive leur être interdite, car ils occupent

la place des parents les plus proches, et, puisque les règles
pour la formation du conseil de famille n'excluent pas
les parents qui se trouvent à un degré inférieur à ceux
que nous venons d'énoncer, il faut bien qu'en l'absence
des autres, ils aient qualité pour former opposition au
mariage, puisqu'ils peuvent refuser leur consentement
dans le conseil de famille.

Au reste, il nous paraît qu'on doit observer, à l'égard
des collatéraux, le même ordre que prescrit la loi à l'égard
des ascendants, c'est-à-dire que les parents à un degré
plus éloigné ne peuvent point former cette action, lorsqu'il existe des parents plus proches qui gardent le silence.

Dans les deux cas que nous venons de signaler, le
tuteur ou curateur, quoique représentant en quelque sorte
l'ascendant du mineur, ne jouit pas cependant des mêmes
droits, et il ne pourra former d'opposition qu'autant qu'il
aura été autorisé par le conseil de famille : la loi lui en
fait un devoir, et s'il négligeait cette autorisation dans
sa démarche, celle-ci serait regardée comme non avenue.

La loi, dans toutes ses autres dispositions, a encore distingué les oppositions faites au mariage par les ascendants
d'avec celles formées par tous autres qu'eux; celles faites
à la requête des derniers doivent renfermer les motifs de
l'opposition, à peine de nullité : les ascendants, au contraire, sont dispensés de cette formalité; ceux-ci sont, en
effet, présumés n'agir que dans le plus grand intérêt des
enfants ou descendants, tandis que la loi ne suppose
pas le même degré d'affection aux collatéraux, ni aux
tuteurs ou curateurs. — Ce n'est pas là la seule obligation
qui leur soit imposée : ils doivent en outre faire dans
l'acte même élection de domicile dans le lieu où le
mariage devra être célébré. Des intérêts étrangers pourraient se mêler à ceux de l'attachement à la personne
du mineur, et la loi a voulu que le juge fût à portée

de prononcer sur le mérite de cette opposition pour ainsi
dire au moment même où elle est formée.

De plus, le tribunal de première instance devra prononcer
dans les dix jours sur la demande en mainlevée, et s'il
y a appel, il y sera statué dans les dix jours de la
citation. C'est la faveur du mariage et l'intérêt de la
société qui ont commandé cette mesure ; il eût été incon-
venant que des causes de cette nature eussent éprouvé
toutes les longueurs qui accompagnent ordinairement les
procès ; il est possible que ces longueurs finissent par
amener une rupture, et le moyen le plus capable de
l'empêcher a été d'ordonner qu'il y serait statué à bref
délai.

Si l'opposition est rejetée, les opposants autres que les
ascendants pourront être condamnés à des dommages-
intérêts. Les ascendants peuvent se méprendre au point
de former une opposition mal fondée, mais le motif que
la loi leur suppose est trop louable pour qu'il puisse
entraîner contre eux une condamnation à des dommages-
intérêts. Il n'en est point de même des oppositions formées
par les collatéraux : ceux-ci, comme nous l'avons dit,
peuvent avoir des vues moins dégagées d'impressions
étrangères ; il est donc juste de les punir, si leurs oppositions sont jugées mal fondées.

CHAPITRE IV.

DES DEMANDES EN NULLITÉ DE MARIAGE.

La nullité est l'effet que produit la contravention à
certaines dispositions d'une loi, effet qui est tel, que l'acte
où cette contravention a été commise en devient nul
dans son entier ou dans quelqu'une de ses parties.

Il est des lois prohibitives qui ont pour objet l'intérêt général : les contraventions à ces lois peuvent être relevées par toutes personnes ayant intérêt, même par la partie publique; elles sont radicales, ne peuvent être couvertes par aucun silence, et le Procureur de la République est en droit de les relever, parce qu'elles tiennent à l'ordre public, dont le maintien est dans ses attributions.

Au contraire, les contraventions aux lois impératives n'intéressent que tel ou tel individu; c'est à ces individus à s'en plaindre, et s'ils n'en réclament pas, nul autre qu'eux ne peut le faire; encore même cette faculté, qui leur est personnelle, doit-elle être exercée dans les délais que la loi a diversement réglés suivant la diversité des cas.

Ainsi, lorsque le mariage a été contracté sans le consentement libre des deux époux ou de l'un d'eux, il y a évidemment une contravention aux dispositions édictées par la loi; mais la faculté de poursuivre la nullité de l'acte n'appartient qu'aux époux ou à celui des deux dont le consentement n'a pas été libre.

Il en est de même, s'il est intervenu une erreur dans la personne; la nullité du mariage n'est pas absolue non plus, et il n'y a que celui des deux époux qui a été trompé ou induit en erreur qui puisse l'attaquer sur ce moyen.

Dans ces deux cas, la nullité est couverte lorsqu'il y a eu cohabitation continuée pendant six mois depuis que l'époux a acquis sa pleine liberté, ainsi que lorsque l'époux qui allègue l'erreur a continué pendant six mois sa cohabitation depuis la reconnaissance de l'erreur. Il résulte, en effet, de la conduite de l'époux un consentement et une acceptation tacites en parfaite connaissance de cause.

L'infraction aux règles qui nécessitent le consentement des père et mère, des ascendants ou du conseil de famille peut entraîner la nullité du mariage, mais la faculté de poursuivre l'action n'appartient qu'à ceux dont le consentement devait être obtenu, ou à celui des deux époux qui avait besoin de ce consentement; il paraît bien extraordinaire que celui-là même qui s'est permis d'enfreindre la loi puisse prendre droit de cette infraction pour revenir sur un engagement qui lui est personnel; mais les législateurs ont regardé comme entachés de séduction les mariages contractés par les mineurs sans le consentement de leurs ascendants ou autres personnes de qui ils doivent l'obtenir. A cet égard, on ne peut pas dire qu'ils aient consenti à leur mariage; donc l'engagement qu'ils ont contracté est nul et d'une nullité qu'ils peuvent opposer eux-mêmes, puisqu'il est de l'essence de tous les engagements de n'être valables qu'autant qu'ils ont pour base la libre volonté de ceux qui les contractent.

Les parents, dont le consentement était nécessaire et qui n'ont point été requis de le donner, ne peuvent plus arguer de ce prétexte pour faire prononcer la nullité du mariage, lorsqu'ils l'ont approuvé expressément ou tacitement, et cette approbation expresse ou tacite élève une fin de non-recevoir contre la réclamation que les époux eux-mêmes pourraient vouloir former contre le mariage.

Mais, alors même qu'il n'y aurait de la part des parents aucune espèce d'approbation, la fin de non-recevoir serait acquise contre *les époux* tout aussi bien que contre *les parents eux-mêmes*, lorsque ceux-ci ont laissé passer une année sans réclamation depuis qu'ils ont eu connaissance du mariage.

Pour l'époux, la durée de l'action commence à courir du jour où celui des époux qui est autorisé à réclamer sera parvenu à l'âge où il aurait pu consentir par lui-même au mariage.

Lorsque l'approbation dont nous venons de parler est

expresse, il ne peut y avoir de difficulté d'appréciation. Mais comment se fixer sur ce qu'on doit entendre par approbation tacite?

Tout est hypothétique en cette matière, et il n'est pas possible de déterminer d'une manière précise les faits particuliers qui sont capables de produire cet effet. Cependant, s'il se passe entre le père et l'enfant des actes ou des faits d'une telle nature qu'on puisse raisonnablement supposer que le père a fait remise à son enfant de l'injure dont il s'était rendu coupable envers lui, on doit décider qu'il y a de sa part approbation tacite au mariage.

Au reste, il résulte d'une jurisprudence constante que l'enfant est admis à prouver par témoin les divers faits dont il excipe pour justifier l'approbation tacite.

La société est intéressée à ce que des mariages formés contre la prohibition de la loi ne subsistent point; aussi ces mariages peuvent-ils être attaqués soit par les époux eux-mêmes, soit par tous ceux qui y ont intérêt, soit par le ministère public. Ainsi, un mineur qui se sera marié sans avoir obtenu la dispense du chef du gouvernement avant l'âge de quinze ou de dix-huit ans, suivant la différence des sexes, pourra sur ce moyen attaquer lui-même son mariage; il en sera de même d'une femme dont le mari aurait contracté de nouveaux liens, et *vice versâ*. Mais ce droit peut être exercé non-seulement par le conjoint, mais encore par tous ceux qui y ont intérêt, même par le ministère public.

Que devient alors, dans ce cas, la disposition de la loi qui porte expressément que *l'époux absent dont le conjoint aura contracté une nouvelle union sera seul recevable à attaquer ce mariage?* Nous pensons que cette difficulté peut être résolue par la distinction suivante : Ou l'action en nullité est intentée par les collatéraux, ou même par les enfants de l'époux qui a contracté un nouvel engagement, croyant le premier rompu par la mort de son conjoint, et dans ce cas toute action leur doit être déniée, parce que ceux-là n'ont pas un intérêt né et actuel comme l'exige la loi; ou bien elle est formée par la partie publique, et dans ce cas, si celle-ci justifie de l'existence actuelle du conjoint qui s'est absenté, la loi lui fait un devoir de poursuivre la nullité du second mariage, et le ministère public ne peut pas se dispenser de faire cette poursuite.

Après avoir établi le droit en loi, les législateurs ont déterminé l'exception; ils ont voulu que, lorsque le mariage serait fait en contravention des règles dont nous venons de parler, il ne pût être attaqué sur ce moyen dans les deux cas suivants : 1° lorsqu'il s'est écoulé six mois depuis que les époux ont atteint l'âge compétent, celui de dix-huit ans pour les mâles et de quinze ans pour les filles; en sorte que, parvenus l'un à dix-huit ans et demi et l'autre à quinze ans et six mois, ils sont non recevables; 2° lorsque la femme qui n'avait point cet âge a conçu avant l'échéance des six mois, et cela à cause et dans l'intérêt des enfants.

Si, dans le cas précédent, les père, mère et autres dont le consentement est requis ont consenti au mariage de leurs enfants avant l'âge déterminé par la loi, ils ne peuvent conserver le droit de l'attaquer. C'eût été les autoriser à détruire d'une main ce qu'ils avaient élevé de l'autre. Mais, de ce qu'ils sont ainsi exclus de toute réclamation, il ne s'en suit pas que cette exception soit acquise contre les autres à qui la loi donne le droit de poursuite; ceux-ci peuvent toujours agir, pourvu néanmoins qu'ils le fassent avant l'échéance du délai que nous venons de fixer. Si les parents ont perdu ce droit, c'est à titre de peine, pour avoir donné un consentement qu'ils auraient dû refuser; or il est de principe que nulle peine ne peut frapper que ceux qui ont contrevenu à la loi.

Dans tous les cas que nous venons d'examiner et où les nullités sont de nature à pouvoir être relevées par tous ceux qui y ont quelque intérêt, il semble naturel qu'elles puissent l'être tout d'abord, même du vivant des époux ; cependant il en a été ordonné tout autrement : les collatéraux, qui ne peuvent être mus que par un intérêt pécuniaire, lorsque leur concours n'est point nécessaire pour le mariage, doivent avoir un intérêt né et actuel pour être admis à l'exercice de cette action. Une certaine défaveur a toujours accompagné des démarches de cette espèce, et les tribunaux les ont constamment regardées d'un mauvais œil.

La loi ne s'est même pas bornée aux collatéraux pour exiger que l'intérêt fût né et actuel afin de pouvoir former l'action en déclaration de nullité; elle a étendu ces dispositions jusques aux enfants nés d'une autre union ; elle n'a pas voulu que les enfants pussent donner le spectacle d'une lutte engagée contre les auteurs de leurs jours. Voilà pourquoi elle leur a interdit toute action pendant la vie de ces derniers.

On a cru néanmoins qu'on pouvait faire une exception en faveur de celui des conjoints qui se trouvait lésé par un nouvel engagement, et on lui a laissé la faculté, qu'on a enlevée aux enfants, d'exercer l'action du vivant même de l'époux qui était engagé avec lui. Mais, dans ce cas, comme il est possible qu'à titre d'exception contre la demande en déclaration de nullité du second mariage on oppose la nullité du premier, il est aisé de sentir que le sort du second mariage est subordonné à la validité ou l'invalidité du premier, et c'est avec raison que la loi veut qu'on statue préalablement sur la validité ou la nullité du premier mariage. Comme protecteur des mœurs et comme chargé de faire cesser les scandales que causent les unions prohibées, le ministère public a reçu de la loi l'injonction d'en faire prononcer la nullité du vivant des deux époux et de provoquer leur séparation. Elle lui en fait un devoir, en sorte qu'il n'est pas en son pouvoir de fermer les yeux sur ces unions illicites.

Nous avons vu précédemment quelles conditions de publicité étaient exigées dans la célébration des mariages. Mais cette publication est-elle une condition indispensable pour leur validité? On serait d'abord tenté de le croire en lisant le texte même, mais on doit néanmoins décider la contraire, puisque la loi se borne à prononcer des peines tant contre l'officier public que contre les parties contractantes; mais ces peines ne sont pas celles de la nullité du mariage. Dans cette occurrence, la loi permet que le mariage soit attaqué par les époux, les père et mère et ascendants et par tous ceux qui y ont un intérêt né et actuel, ainsi que par le ministère public; mais nous pensons que l'utilité de l'attaque doit être bornée à faire ordonner que les parties seront tenues de réhabiliter le mariage en contractant devant l'officier de l'état civil compétent et publiquement.

Quoiqu'il résulte bien clairement de ces dispositions que l'intention du législateur a été de donner aux mariages toute la publicité possible, il ne s'est pas occupé des mariages tenus secrets pendant la vie des personnes qui les ont contractés, pas plus que de ceux contractés *in extremis* entre personnes qui auparavant avaient vécu en concubinage. Nous sommes autorisé à en conclure que de tels mariages seraient déclarés valablement contractés et capables de produire tous les effets civils, parce qu'il ne peut y avoir de peine que là où elle est nominativement prononcée par la loi.

Il n'y a donc point de nullité dans le mariage pour cause d'omission de la publication soit totale, soit partielle; cependant, comme le vœu de la loi a été trompé et que toute infraction à ce qu'elle commande mérite une peine, le ministère public fera prononcer une amende, qui ne pourra excéder 300 francs, contre l'officier public qui aura célébré le mariage, et une autre amende, proportionnée à leur fortune, contre les parties contractantes ou contre ceux sous la puissance de qui elles ont agi.

A l'appui de ce que nous avons dit vient encore la disposition suivante : nous savons que le mariage doit être célébré publiquement devant l'officier civil du domicile de l'une des parties. Ceux qui contreviendraient à ces règles seraient passibles des peines que nous avons précédemment énumérées, lors même que les contraventions ne seraient pas jugées suffisantes pour faire prononcer la nullité du mariage. Ces derniers mots annoncent clairement que le moyen de nullité pris de l'inobservation de ces règles n'est pas absolu et qu'il dépend des circonstances, qui doivent être appréciées par les juges. Mais il en résulte aussi que, soit qu'on prononce la nullité du mariage, soit qu'on le déclare valable, le juge doit toujours prononcer la peine de l'amende.

Après les dispositions que nous venons d'examiner, il importait que celui qui réclamait le titre d'époux et les effets civils du mariage ne pût le faire qu'en se conformant au principe général d'après lequel tout engagement doit être prouvé par écrit. Le demandeur doit représenter pour cela un acte de célébration inscrit sur le registre de l'état civil. Néanmoins, lorsqu'il n'y a jamais eu de registres publics ou qu'ils ont été égarés, la preuve pourra être faite tant par titres que par témoins. Ainsi, le mariage étant de tous les actes de la vie celui qu'il importe le plus de justifier, puisqu'il sert de base à la société entière, il était naturel que la loi exigeât, pour établir son existence, le même genre de preuves qu'elle exige pour des engagements qui sont d'un bien moindre intérêt.

Il est essentiel de remarquer que ces dispositions ne sont relatives qu'aux deux époux; il ne s'agit ici que de la réclamation faite par l'un d'eux de l'état qui lui est contesté par l'autre. Dans ce cas, la possession d'état seule ne tient pas lieu de preuve écrite du mariage. Il n'existe que trop de personnes qui, vivant dans le concubinage, laissent prendre à celles qui partagent leurs débauches l'honorable qualification d'époux ou d'épouse, et qui sont parvenues à se faire regarder dans la société comme engagées dans les liens du mariage. C'est pour elles que la loi a fait de semblables prescriptions, et, quelque longue que soit la possession dont elles ont joui dans l'opinion publique de la qualité d'époux ou d'épouse, cette possession ne saurait suppléer à la preuve écrite du mariage légitimement contracté.

Mais, si la preuve écrite est rapportée, l'existence du mariage ne peut plus être contestée, à moins que l'acte qui le justifie ne soit attaqué comme faux, et il s'élève alors une fin de non-recevoir contre celui des époux qui voudrait réclamer, lorsque la possession d'état se trouve réunie au titre. Ainsi, lors même que le titre renfermât quelque nullité, si la possession existe, les époux sont respectivement irrecevables à demander la nullité de l'acte.

Néanmoins, la loi s'est préoccupée du sort des enfants qui pourraient provenir de pareilles unions, et elle prononce cette distinction : si les individus qui ont vécu comme mari et femme publiquement sont décédés l'un et l'autre, le défaut de représentation de l'acte de célébration ne peut point servir de prétexte pour contester leur légitimité, pourvu néanmoins que cette légitimité soit prouvée par une possession d'état *non contredite par l'acte de naissance;* au contraire, s'ils sont tous les deux en vie, la légitimité des enfants peut être contestée, sous le seul prétexte que l'acte de célébration n'est pas représenté. Pourquoi ? Parce que les enfants, dans le premier cas, peuvent ignorer le lieu et l'époque où leurs père et mère se sont unis par les liens du mariage, sans qu'on puisse le leur imputer à faute; au lieu que, leurs père et mère ou l'un d'eux étant encore vivants, s'ils ne rapportent pas la preuve de leur union, ce ne peut être que parce que cette union n'a jamais existé entre ceux dont ils se disent les enfants.

Il est possible que les registres publics ne renferment point la preuve de la célébration du mariage, parce qu'on l'aura enlevée ou que l'officier public aura négligé de l'y insérer. Si la procédure criminelle faite à cette occasion donne la preuve que le mariage avait été réellement célébré, ce mariage produira tous les effets civils du jour de la célébration, tant à l'égard des époux qu'à l'égard des enfants qui en seraient issus, pourvu qu'on ait eu le soin de faire inscrire sur les registres de l'état civil le jugement qui aura statué sur cette procédure criminelle. Mais les époux ou l'un d'eux peuvent être décédés sans avoir découvert la fraude. L'exercice de l'action criminelle, en pareille circonstance, est permis à tous ceux qui ont intérêt de faire déclarer le mariage valable, même à la partie publique. On ne pourrait imputer aux époux le silence qu'ils auraient gardé pendant leur vie sur la fraude dont ils auraient à se plaindre, qu'autant qu'il serait prouvé qu'elle était connue d'eux; mais on ne doit pas présumer qu'ils eussent gardé le silence, s'ils l'eussent connue. Voilà pourquoi la loi suppose qu'ils sont décédés sans l'avoir découverte.

Si l'officier public est décédé lors de la découverte de la fraude, il n'est plus possible d'exercer une action criminelle; une poursuite purement civile sera dirigée au civil contre ses héritiers par le ministère public, en présence des parties intéressées et sur leur dénonciation. Mais comment pourra-t-on alors parvenir à prouver l'existence d'un mariage, d'ailleurs non justifiée par écrit, lorsqu'on ne pourra point faire de procédure criminelle à cause de la

mort de l'officier public ? Nous sommes autorisé à croire
que l'instance aux fins civiles contre ses héritiers produira
le même effet; car la présence des parties intéressées
aurait été parfaitement inutile, si elle n'eût pas dû produire
en leur faveur le même effet qu'une procédure criminelle
destinée à suppléer à la preuve écrite de l'existence du
mariage.

Il nous reste à examiner ce qu'il advient lorsque le
mariage est déclaré nul. Les enfants provenus d'un tel
mariage sont-ils légitimes ? Les conjoints eux-mêmes
sont-ils époux légitimes ?

La jurisprudence de tous les temps a été sur ce point
conforme à ce que prescrit le Code; il décide que, lorsqu'un
mariage a été contracté de bonne foi, ce mariage produit
les effets civils, tant à l'égard des enfants qu'à l'égard des
époux. Sa décision est la même dans le cas où il n'y aurait
de bonne foi que de la part de l'un des conjoints, avec
cette précision néanmoins que celui des conjoints qui connaissait l'empêchement ne participe point aux effets civils
que produit le mariage en faveur de l'autre et des enfants
qui en sont provenus. Il faut seulement observer que si,
après la déclaration de nullité de leur mariage, ceux qui
l'avaient contracté continuaient à vivre ensemble; s'il naissait des enfants de leur commerce, ces enfants seraient
illégitimes, parce qu'il n'y aurait plus de bonne foi dans la
personne d'aucun des époux.

CHAPITRE V.

DES OBLIGATIONS QUI NAISSENT DU MARIAGE.

Il est dans le mariage des obligations réciproques qui
dérivent du droit naturel : la première est celle pour les
pères et mères de nourrir leurs enfants. Comment, en effet,

l'homme, qui a la raison en partage, pourrait-il ne pas faire pour ses enfants ce que les animaux font pour leurs petits par la seule force de leur instinct ? Mais ce n'est point à cela qu'ils doivent se borner : ils doivent encore fournir à leur éducation et à leur entretien *pro modo facultatum*. Cette éducation varie suivant la diversité de position où se trouvent les hommes en naissant : ceux qui dans l'ordre de la nature appartiennent à la classe des personnes qui doivent gagner leur vie du travail de leurs mains ne peuvent pas raisonnablement prétendre à une éducation aussi soignée et du même genre que ceux destinés à jouir d'une brillante fortune.

Il est dans la société des inégalités auxquelles on ne peut point échapper, et un père remplit toutes ses obligations vis-à-vis de ses enfants lorsqu'il donne à chacun d'eux une éducation relative à l'état qu'il a lui-même et à celui qu'ils doivent embrasser. C'est de cette éducation que parle la loi et dont elle fait un devoir aux pères et mères; les enfants que le sort a destinés à gagner de quoi vivre par le travail n'ont plus rien à demander à leur père, lorsque celui-ci les a pourvus d'un métier ou d'une profession analogue à leur naissance, à moins qu'ils ne fussent atteints de quelque maladie qui les empêchât de l'exercer. Mais il n'en est pas de même des enfants qui, nés dans une classe plus fortunée, n'ont pas tout à attendre de leur travail. Ceux-ci peuvent être plus longtemps à la charge de leur père, parce qu'il est des professions dont l'exercice est plus lentement utile que celles qui consistent dans un pur mécanisme.

Le principe général est tel, que le père n'est pas tenu de fournir la nourriture ni l'entretien à ses enfants, lorsqu'il leur a procuré, relativement à leur état, tous les moyens d'y fournir eux-mêmes.

Là se borne l'exigence de la loi; aussi, les enfants n'ont-

ils pas d'action contre les père et mère pour un établissement par mariage ou autrement.

Dans les pays de droit écrit, on tenait comme maxime
incontestable qu'il était du devoir des pères de doter leurs
enfants; il n'en est pas de même aujourd'hui : « Dote qui
veut. »

On pourrait demander si un père peut refuser des aliments à un enfant qui s'est marié contre son gré et après
lui avoir fait des sommations respectueuses. Il y a trop loin
d'une fourniture d'aliments à une dotation, pour confondre
l'un avec l'autre. La nécessité de fournir des aliments est
prescrite par le droit naturel, et c'en est assez pour que
l'enfant puisse les réclamer.

Réciproquement, les enfants doivent des aliments à leurs
père et mère et autres ascendants; mais cette obligation
cesse lorsque ceux-ci peuvent subvenir à leurs besoins par
le travail ou avec les biens qu'il ont d'ailleurs.

Les gendres et les belles-filles sont placés par la loi au
nombre des enfants. Ils doivent donc remplir les mêmes
obligations dont sont tenus les propres enfants envers leurs
père et mère. Comme c'est le droit naturel qui leur impose
ce devoir, son exécution de leur part n'est point subordonnée au fait de savoir si le gendre a reçu ou non
quelque chose de son beau-père; dans tous les cas, son
obligation est la même, et tant que les liens du sang subsistent entre eux, l'obligation subsiste aussi.

Elle cesse, dit la loi, dans deux cas : le premier, lorsque
la belle-mère a convolé à de secondes noces; il faut remarquer sur ce point que ce n'est pas en haine du second
mariage que la question a été ainsi décidée contre la belle-
mère, mais sur le seul motif que l'entretien de la belle-mère
est devenu par son second mariage une charge de son
mari, car les liens du sang restent les mêmes.

Le second cas est celui du décès de l'époux qui produisait l'affinité et des enfants provenus de son union. A la vérité, la mort seule du gendre ou de la belle-fille ne suffit pas pour la faire cesser, lorsqu'il existe des enfants; mais si ceux-ci viennent à mourir, tous les liens de l'affinité sont rompus, et dès ce moment le beau-père et la belle-fille, le gendre et la belle-mère deviennent étrangers l'un à l'autre.

Comme c'est à titre de besoin seulement que les aliments et l'entretien peuvent être réciproquement demandés par les descendants et les ascendants, ils ne doivent l'être que dans la proportion de ces mêmes besoins et des facultés de ceux à qui la demande en a été faite. La raison commande une pareille mesure.

Il est sensible aussi que la quotité doit éprouver une variation proportionnée à celle des besoins et des facultés; de telle sorte que, si celui qui fournit ou qui reçoit des aliments est replacé dans un état tel, que l'un ne puisse plus en donner ou que l'autre n'en ait plus besoin en tout ou en partie, la décharge ou réduction peut en être demandée.

Il reste à savoir dans quels lieux doivent être fournis les aliments dus.

Comme, aux termes du droit commun, les enfants n'ont d'autre domicile que celui de leur père, on a toujours décidé que les enfants ne peuvent exiger les aliments qui leur sont dus, hors de la maison paternelle.

Il en est autrement de l'entretien dû aux ascendants par leurs enfants ou autres descendants. Il serait bien dur pour un père d'être obligé de se rendre auprès de ses enfants pour recevoir d'eux ce que la nature et la loi leur font un devoir de lui fournir, et il est bien plus conforme aux règles de la bienséance d'obliger les enfants à lui payer une pension avec laquelle il puisse fournir à ses besoins dans sa propre maison, si tant est que les facultés des enfants leur permettent de faire ce payement.

CHAPITRE VI.

DES DROITS ET DES DEVOIRS RESPECTIFS DES ÉPOUX.

Le mariage forme une société intime entre les contractants. Or, il est de principe, en matière de société, que les divers membres dont elle est composée se doivent secours et assistance en tout ce qui peut y avoir rapport. L'union conjugale ne serait certainement qu'une source de chagrins si, après avoir contracté ce lien, les époux manquaient au précepte de la loi qui leur fait un devoir de se secourir et de s'assister mutuellement. Ils se doivent encore fidélité : sans cette vertu, dont l'absence produit dans le ménage de si funestes événements, le mariage n'offre que l'affreux tableau du désordre et de tous les malheurs qui forment son escorte. Les époux, en s'unissant, se sont donnés l'un à l'autre; ils ne doivent plus vivre que pour eux : bien coupables sont ceux qui manquent à ces engagements. Ils ont à s'imputer le scandale dont ils affligent leurs concitoyens et les pernicieux exemples qui servent à corrompre leurs propres enfants; en un mot, l'infidélité dans le mariage est le plus grand de tous les vices, même en se bornant à considérer l'union conjugale comme un lien purement civil.

Le mari doit protéger sa femme, et la femme lui doit en retour obéissance.

A Rome et dans les pays de droit écrit, il était une sorte de mariage qu'on appelait par *dot*. En contractant ce lien, la femme, avec les biens ou l'argent comptant qu'elle apportait à son mari, achetait sa protection et la participation à tous les avantages ou honneurs dont il pouvait jouir; mais elle ne passait pas en sa puissance, moins encore devenait-elle la propriété de son mari. Notre Code a fait à cela des changements. Il a étendu à tout le territoire français les dispositions de certaines coutumes qui, dès l'instant du mariage, privent la femme de la faculté de ses biens. C'est là un des effets propres au mariage, comme nous le verrons plus tard.

La femme est obligée d'habiter avec son mari et de le suivre partout où il juge à propos de résider. Les conjoints ne sont en quelque sorte qu'un seul en deux personnes, jusqu'à ce que l'autorité civile, pour des motifs autorisés par la loi, en ait autrement décidé. Mais ce n'est pas pour souffrir que la femme est obligée d'habiter avec son mari et de le suivre partout; elle doit partager le sort de son époux, et le traitement marital qu'elle est en droit d'attendre de lui l'autorise à en réclamer les effets pour tous les besoins de la vie, suivant ses facultés et son état.

Nous venons de voir que, contrairement à ce qui se pratiquait dans les pays régis par le droit écrit, la femme, au moment de la célébration du mariage, tombait sous la puissance du mari et perdait l'exercice de toute action; de telle sorte qu'elle ne pouvait rien faire sans l'autorisation de son mari; au point que, en supposant qu'avant de se marier, la femme fût en procès à raison de ses biens, on devrait y faire entrer le mari pour la validité des poursuites faites depuis le mariage, poursuites qui seraient radicalement nulles si l'on omettait de prendre cette précaution.

Il est cependant un cas où l'autorisation du mari n'est pas nécessaire : c'est lorsque la femme est poursuivie en matière criminelle ou de police. Mais, pour cela, il faut qu'elle soit défenderesse; sa défense est de droit naturel; mais, si elle était demanderesse, sa poursuite serait nulle, à cause du défaut de pouvoir.

La nécessité de l'autorisation pour ester en jugement
s'étend aux cas où la femme est ou marchande publique,
ou non commune, ou séparée de biens. Ainsi, la femme
a un besoin indispensable du concours de son mari dans
l'acte, ou de son consentement par écrit, pour donner,
aliéner, hypothéquer, acquérir à titre gratuit ou onéreux.
Mais quel serait le sort d'un acte passé par la femme
sans autorisation du mari, qui dans la suite l'aurait rec-
tifié? Cette rectification postérieure ne couvrirait pas la
nullité de l'acte.

Qu'adviendra-t-il, si le mari refuse l'autorisation?

Il faut distinguer la demande que peut faire la femme
à son mari de l'autorisation à ester en jugement d'avec
celle qui aurait pour objet d'être autorisée à passer quelque
acte; chacune de ces demandes exige un procédé diffé-
rent. Dans le premier cas, il suffit de citer le mari à
l'audience, aux fins qu'il donne son autorisation à la femme
pour ester en jugement. S'il ne comparait pas sur cette
citation, il est rendu un jugement qui, faute par lui d'avoir
autorisé sa femme, donne à celle-ci la capacité nécessaire; au contraire, dans le second cas, si le mari refuse,
il doit être cité par la femme en la chambre du conseil,
où il doit être entendu; et c'est ensuite au tribunal, après
avoir pris connaissance des motifs qu'a le mari pour refuser l'autorisation demandée, à décider de la validité de
ces motifs. Si le tribunal les trouve justes et raisonnables,
il refuse l'autorisation; dans le cas contraire, il l'accorde,
et l'acte passé en conséquence a la même efficacité et la
même valeur que s'il eût été passé avec l'autorisation du
mari.

Si la femme est marchande publique, elle peut, sans
l'autorisation de son mari, s'obliger pour ce qui concerne
son négoce. La femme ne pouvant faire dans la maison
maritale que ce que son mari lui permet d'y faire, celui-

ci ne saurait se plaindre du résultat des opérations qu'il a permises; aussi, lorsqu'il y a communauté, les engagements de la femme contractés pour fait de commerce obligent le mari.

On a pu douter si la femme pouvait être réputée marchande publique lorsqu'elle vendait journellement des marchandises dont le mari faisait le commerce. Notre Code a décidé la négative, et avec raison, car le débit journalier d'objets qui appartiennent au commerce que fait le mari peut, tout au plus, faire regarder la femme comme un commis ou tout autre préposé de son époux, et, sous ce rapport, c'est le mari et non pas la femme qui est le négociant. De là, il suit que la femme reste dans les termes du droit commun, et que, si elle fait des emprunts, même pour fait de commerce, sans y être autorisée, les engagements qu'elle contracte ne sont pas valables, et qu'elle n'oblige pas son mari dans le cas même où il y aurait communauté entre eux.

Il est des circonstances dans lesquelles le mari ne peut donner l'autorisation requise par la loi : c'est lorsqu'il a été frappé d'une condamnation emportant peine afflictive ou infamante, encore qu'elle n'ait été prononcée que par contumace. L'interdiction et l'absence le mettent dans la même impuissance. La femme ne peut cependant pas, dans ce cas, se passer d'autorisation pour ester en jugement et contracter. Pendant la durée de la peine, de l'interdiction ou de l'absence, elle doit s'adresser au juge pour l'obtenir, et celui-ci ne doit l'accorder qu'avec connaissance de cause, c'est-à-dire après qu'il s'est bien fixé sur les motifs qui la font demander.

Les droits de la puissance maritale ont été considérés sous un rapport si avantageux et si utile, qu'on a restreint autant que possible tout ce qui pouvait tendre à en diminuer les attributs; il est naturel de penser que si, dans

le cours de la vie, il existe des occasions où un homme
consente à se départir des droits que lui assure la prééminence de son sexe, c'est dans son contrat de mariage;
c'est là l'époque ordinaire des sacrifices. Mais la loi, plus
sage que l'homme, a borné les effets de ces sacrifices;
elle a voulu qu'une autorisation générale donnée par le
mari à sa femme, même en contrat de mariage, ne fût
valable que relativement à l'administration des biens de
celle-ci; en sorte que, nonobstant toute autorisation donnée à la femme de vendre, hypothéquer, ou tout autrement disposer de ses biens, la vente qu'elle pourrait en
faire serait nulle. — Ces droits de la puissance maritale
ne peuvent s'étendre au mari mineur. Comment, en effet,
le mari mineur, à qui toute aliénation est interdite, pourrait-il autoriser la femme majeure à faire des actes dont
il est lui-même incapable à cause de sa minorité : aussi
la loi a-t-elle voulu qu'au lieu de s'adresser à son mari
mineur, la femme obtint du juge l'autorisation qui lui est
nécessaire, soit pour ester en jugement, soit pour contracter.

C'est dans l'intérêt de la femme que ces dispositions ont
été prises; aussi la nullité fondée sur le défaut d'autorisation ne peut être opposée que par la femme, par
le mari ou par leurs héritiers. Ainsi, ceux qui ont
traité avec la femme non autorisée ne peuvent point
exciper du défaut d'autorisation pour se dégager des liens
d'une obligation contractée vis-à-vis d'elle, tandis que la
femme peut en exciper vis-à-vis d'eux; la loi n'admet
pas de réciprocité sur ce point.

Il est cependant une exception à la nécessité pour la
femme de n'agir qu'avec l'autorisation de son mari : c'est
dans le cas où elle veut disposer de ses biens après sa
mort. Il est de l'essence du testament de n'avoir d'existence qu'après la mort de son auteur; jusque-là, il ne

peut être regardé que comme un simple projet, puisque le
testateur a la faculté de le changer à son gré. Du reste,
la femme, en testant, ne se dépouille absolument de rien ;
en se choisissant un héritier, elle ne fait que désigner
celui qui recueillera ses biens, et elle ne cesse point d'en
être propriétaire au moment où elle en dispose ; c'est la
mort qui la dépouille, et non pas son testament : elle
n'avait donc pas besoin d'être autorisée pour rendre valable un acte qui ne la dépouillait de rien et qui était de
nature à ne porter aucune atteinte aux droits de son
mari, puisque celui-ci, dans l'ordre des successions, passe
après tous les parents de sa femme.

Ainsi se résument les prescriptions de la loi relatives
au mariage : nous allons entrer dans l'examen du contrat
accessoire, convention reçue par un notaire dans la forme
ordinaire des actes notariés, par laquelle les futurs époux
réglementent leurs intérêts pécuniaires.

DEUXIÈME PARTIE.

Du Contrat de mariage.

Ce contrat, comme nous l'avons déjà dit, n'est qu'accessoire, en ce sens qu'il n'est pas absolument nécessaire à l'existence du mariage lui-même, puisque la loi a même prévu le cas du silence des parties; tandis qu'il est subordonné à la célébration du mariage et que sa nullité est fatalement entraînée par la nullité ou la cessation du contrat principal.

La loi facilite la tâche aux époux en leur offrant quatre régimes ou systèmes d'ensemble, entre lesquels ils peuvent choisir en les modifiant.

La fortune des époux se compose beaucoup de ce qu'on leur donne à l'occasion de leur mariage et de ce qu'ils ont déjà. Ce qu'on leur donne s'appelle la dot. La constitution de dot peut être faite par l'époux lui-même; ce n'est pas alors une donation, mais un apport; les intérêts de la dot courent à partir du jour de la célébration, et celui qui promet l'apport doit le garantir; ou bien elle peut être faite par un parent, et c'est alors une libéralité *sui generis* à laquelle il n'était pas tenu.

Il faut considérer d'abord trois éléments constitutifs du contrat de mariage et indispensables à sa validité : la capacité des époux, capacité de se marier et capacité de contracter.; les formes et l'époque à laquelle doit être fait le contrat. Il doit l'être à une époque antérieure à la célébration; le motif de cette prescription est fort sage, car, avant la célébration, chaque époux est parfaitement indépendant, ce qui lui permet de défendre ses intérêts, ce qu'il ne pourrait faire aussi utilement s'il était dominé par son conjoint.

L'acte doit être passé devant notaire pour en assurer la conservation et éviter les modifications; mais il y a diverses formes d'actes notariés : or, c'est l'acte avec minute qui est exigé par la loi, quoiqu'elle n'en fasse pas mention. Quand l'acte a été sous seing privé, ne peut-on pas, en le déposant chez un notaire, suppléer à cette formalité?

On le peut, si l'acte est valable et si le notaire, dans l'acte de dépôt, en a reproduit les principales dispositions.

La fille ne se présentant pas et étant remplacée par son père, le contrat est-il valable?

Oui, si le père est porteur d'une procuration de sa fille. Les frais sont à la charge des deux époux pour moitié.

Suivant que tel ou tel régime a été adopté, les droits des époux sont différents : or, les tiers intéressés doivent pouvoir connaître ce régime choisi et l'acte de mariage doit contenir une indication capable de les renseigner. C'est pourquoi l'officier public, lors de la célébration, doit demander aux futurs époux s'ils ont passé un contrat et devant quel notaire.

Le notaire qui le retient délivre, à cet effet, un certificat constatant que l'acte a été passé devant lui, lequel certificat est remis à l'officier de l'état civil. Si l'acte de mariage porte que les époux sont mariés sans contrat, la femme est considérée libre dans ses engagements, à moins qu'elle n'avouât aux tiers qu'elle a fait un contrat.

Le notaire donne lecture aux parties de la sanction de

l'obligation qu'elles ont de déclarer à l'officier public qui
célébrera le mariage si elles ont ou non fait un contrat;
mention de cette lecture doit être faite dans le contrat, à
peine de dix francs d'amende contre le notaire contreve-
nant. — Il doit, en outre, délivrer aux parties un certificat énonçant ses nom, prénoms et résidence, ceux des
futurs époux et la date de ce contrat. Ce certificat indique
qu'il doit être remis à l'officier public au moment de la
célébration du mariage.

Si le mari est commerçant, le contrat doit être lu et
affiché au tribunal de commerce et dans les chambres des
avoués et notaires.

La loi a prévu le cas où les époux ne se seraient pas
expliqués avant la célébration du mariage sur le choix
d'un régime et n'auraient par conséquent pas fait de contrat; ils sont alors censés mariés sous le régime de la
communauté.

Dans le cas contraire et lorsque les époux règlent
d'avance leurs intérêts pécuniaires, ils peuvent choisir,
sans modification, un des systèmes proposés par la loi,
ou bien les modifier et les combiner entre eux.

Ces quatre régimes sont :

1º *Celui de la communauté*, association dans laquelle
chacun verse une partie de ses biens sous la maîtrise du
mari.

2º *Le régime dotal*, dans lequel il n'y a pas de société,
mais au contraire une distinction complète. La femme se
constitue une dot dont le revenu seul est employé dans
le ménage.

3º Le régime *exclusif de communauté*. Pas de société;
chacun garde son patrimoine, mais le mari a la jouissance
de la fortune de la femme.

4º Celui *de séparation de biens*. Aucune liaison; chacun
garde la jouissance de ses biens, mais la femme verse le

tiers de ses revenus pour subvenir aux frais du ménage.

Les époux peuvent adopter un de ces régimes sans modification, mais ils ne peuvent s'y soumettre sous condition; il faut un choix formel.

Il leur est toutefois permis de modifier le régime qu'ils choisissent et de régler leurs conventions comme ils le jugent à propos, pourvu que ces conventions ne soient pas contraires aux lois et aux bonnes mœurs, aux droits de la puissance maritale et paternelle (le mari est le chef de la communauté, il ne peut renoncer aux droits que la loi lui confère), à l'ordre légal des successions, auquel on ne peut rien changer, aux dispositions prohibitives du Code.

De semblables conventions seraient nulles, mais elles n'entraîneraient pas la nullité du mariage.

Tant que le mariage n'est pas célébré, on peut apporter au contrat telles modifications qu'on juge convenables; mais, après la célébration, les conventions deviennent irrévocables.

On peut aussi changer totalement le contrat, mais toujours à la condition que le changement précédera la célébration du mariage. Mais, dans ce cas, il est possible que le premier contrat annulé contienne des donations faites par des tiers. Ces donations sont-elles maintenues?

Les magistrats apprécieront si elles se rattachent au régime choisi par les époux, ou bien si elles en sont indépendantes. Dans le doute, il faut se prononcer en faveur du maintien.

Mais il peut se faire qu'un laps de temps assez considérable se soit écoulé entre le contrat et la célébration.

Depuis la loi de 1850, il n'est pas difficile de savoir si ce contrat conserve ses effets, puisque les époux sont obligés de déclarer à l'officier de l'état civil qui célèbre le mariage s'ils ont fait ou non un contrat de mariage, et, en cas d'affirmative, la date de leur contrat, ainsi que les nom et prénoms du notaire qui l'a reçu, puisque l'officier de l'état civil doit, en outre, faire mention de leur déclaration dans l'acte de célébration. Mais si l'officier n'a pas fait l'interpellation prescrite, ou si les parties déclarent n'avoir pas passé de contrat, on verra, d'après les circonstances, s'il n'y a pas eu rupture de l'ancien projet, ou bien si le laps s'explique par la maladie ou l'absence de l'un des époux, qui aurait cependant entretenu des relations avec la famille de son futur conjoint. Si l'un des deux futurs s'était déjà marié et, devenu veuf, était revenu à son premier mariage, ils seraient censés mariés sans contrat.

On peut apporter au contrat un changement partiel, mais seulement sous diverses conditions : la première est que les modifications soient faites dans la même forme que le premier projet, devant notaire et en présence de témoins.

La présence et le consentement simultané des personnes ayant pris part au contrat sont nécessaires, parce que le contrat de mariage concilie les désirs et les volontés des époux et aussi des tiers; donc il faut que toutes les personnes qui ont pris part au premier contrat assistent et adhèrent à la modification. La présence doit être simultanée, parce que l'une des parties pourrait ne pas être assez éclairée.

Quelles personnes sont parties dans le contrat ?

Les époux, les donateurs et les ascendants quand l'enfant est mineur.

Il peut arriver qu'une des parties refuse son adhésion au changement. Il faut distinguer alors en quelle qualité cette partie a figuré au contrat. Si c'est comme futur ou comme ascendant d'un mineur de vingt et un ans, son refus empêche tout. Si c'est comme donateur, on peut se passer de son adhésion, pourvu qu'on renonce à la libéralité.

La loi exige que les changements ou contre-lettres soient ensuite inscrits à la suite de la minute du contrat de mariage, sans quoi ces modifications seraient sans effet à l'égard des tiers. De plus, le notaire ne peut, à peine de dommages et intérêts et sous plus forte peine, s'il y a lieu, délivrer ni grosses, ni expéditions du contrat sans transcrire à la suite le changement ou la contre-lettre.

La célébration du mariage consacre les conventions des contractants, qui deviennent irrévocables, et à partir de ce moment aucun changement n'est plus possible.

Une donation améliorant la position des parties ne saurait être considérée comme un changement ; pas plus qu'une hypothèque qui, donnée à la femme, serait transportée sur un autre immeuble ; mais le changement de régime en est un vrai.

TITRE PREMIER.

RÉGIME DE LA COMMUNAUTÉ LÉGALE.

Ce régime est applicable :
1º Lorsque les époux sont mariés sans contrat.
2º Lorsqu'il n'y a pas eu choix d'un régime.
3º Lorsque les parties ont choisi celui de la communauté.

La communauté est une société de biens régie par des règles exceptionnelles dont le caractère particulier vient de ce que la société d'intérêt n'est que l'accessoire de l'association des personnes.

Dans cette société, il y a un fonds social composé de l'apport des deux époux. La loi a voulu les unir par l'intérêt autant que possible, en évitant de frustrer les familles.

En conséquence, et dans ce but, elle a posé les règles suivantes :

1° Elle veut que tout le mobilier présent et futur se confonde.

2° Comme les deux époux doivent coopérer aux charges du ménage, tous les revenus quelconques entrent dans le fonds social.

3° Le résultat des économies doit être mis en commun, ainsi que toutes les acquisitions faites avec les économies.

4° Les époux courent la chance de l'association heureuse et malheureuse.

La loi a voulu aussi que tous les immeubles présents et futurs restent propres à l'épouse qui les acquiert par un autre moyen que par l'économie. De là, distinction des biens en *biens communs* et en *biens propres*, en *acquêts* et *conquêts*.

Les époux sont copropriétaires des biens de la communauté, mais le mari en est le chef et le seul représentant : il gère, il administre, il aliène seul. La femme apporte son fonds et son industrie, et elle remet sa confiance à son mari. La communauté ayant la jouissance de tous les revenus des époux, le mari jouit des uns et des autres.

Cependant la loi prévoit les abus de cette administration et elle donne à la femme le pouvoir de demander la séparation de biens judiciaire. Il peut arriver aussi que, sans abus, le mari établisse entre ces patrimoines des rapports d'après lesquels l'un s'enrichirait aux dépens de l'autre; la loi ne le veut pas, et dans ce cas le patrimoine enrichi fera compte de ce qu'il a enlevé, au moyen du système de *récompenses*.

La communauté a aussi un passif : elle doit supporter la dette capitale faite dans son intérêt. Donc, lorsque le mari contracte une dette, si ce n'est pas dans son intérêt personnel, elle est commune. Toutes les dettes mobilières antérieures au mariage sont aussi communes.

La communauté n'a qu'un caissier; avec l'argent commun sont souvent payées des dettes personnelles pour lesquelles elle peut être poursuivie.

Il faut donc distinguer le dettes communes à payer sans recours et les imparfaitement communes, en ce sens que la communauté peut être poursuivie, mais avec recours.

5° La communauté dure autant que le mariage, mais elle finit avec lui.

Il y a alors partage de l'actif et support du passif en commun; mais le mari paye les dettes contractées par la communauté *ultrà vires*.

La femme peut renoncer à la séparation de biens, et elle retire ainsi ses propres.

6° La communauté constitue-t-elle une personne morale distincte de celle des époux?

Pour qu'il y ait personne morale, il ne suffit pas de concevoir des intérêts collectifs distincts de leurs intérêts individuels; il ne suffit pas que dans le langage habituel cette collection ait un nom, mais il faut une unité légale capable d'opérer, de faire tous les actes juridiques avec les effets qu'ils ont de la part d'une personne ordinaire. On reconnaît cette personne morale en voyant si les dispositions de la loi qui concernent cette personne supposent nécessairement chez elle le caractère dont il s'agit. Tout cela n'est pas dans la communauté conjugale; donc elle n'est pas une personne morale.

La communauté commence le jour du mariage devant l'officier de l'état civil, au moment de la célébration. Jusque-là les époux peuvent changer et modifier la réglementation de leurs intérêts, mais leurs conventions deviennent irrévocables avec le mariage.

Dès lors, les biens et les dettes des époux tombent dans la communauté ou leur restent propres, et constituent ainsi *l'actif* et *le passif* de la communauté.

L'actif se compose de tous les meubles présents sans exception, corporels et incorporels, meubles meublants, créances, actions de commerce et d'industrie, successions mobilières déjà ouvertes au moment du mariage.

Tous les immeubles restent propres à chacun des époux, mais seulement ceux dont ils avaient la possession légale avant le mariage.

Néanmoins, si un immeuble a été acquis entre le contrat et la célébration, il entrera dans la communauté, à moins de clauses contraires. S'il a été converti en argent, sa valeur mobilière y tombera.

L'un des époux a une créance alternative, il se marie; que devient la créance? Tant que le choix n'est pas fait, la question reste en suspens. Si on paye en argent, il tombe en communauté; si on donne l'immeuble, il reste propre.

Dans *le passif* entrent toutes les dettes mobilières dont les époux étaient tenus avant la célébration de leur mariage. Tandis que les dettes immobilières restent propres. Il existe une différence entre les dettes mobilières du mari et de la femme : il n'y a que les dettes antérieures au mariage pour la femme qui tombent dans la communauté, tandis que toutes les dettes contractées par le mari avant ou pendant le mariage y tombent aussi. Mais comment prouvera-t-on que la dette est antérieure? Si elle résulte d'un acte authentique et si elle a reçu une date certaine antérieure à la célébration du mariage. Cette précaution était inutile pour le mari, puisqu'il a tout pouvoir de contracter après.

Ainsi, le créancier de la femme dont le titre n'a pas date certaine antérieure au mariage ne peut se faire payer que sur la nue propriété des propres de la femme; toutefois, si le mari paye la dette de la femme sans réserve de ses droits, il reconnaît par là même qu'elle est antérieure, et il perd son droit de récompense.

Il est des dettes qui n'entrent pas dans la communauté parce qu'elles sont relatives aux biens propres de l'un des époux et que, ces propres n'augmentant pas la communauté, il n'est pas juste que celle-ci s'appauvrisse gratuitement. *Là où va l'émolument actif, là va le passif.*

Le créancier reste toujours créancier de son débiteur; il peut poursuivre le payement contre la communauté et, par conséquent, contre les biens propres du mari, sauf la récompense, si la dette a été contractée par la femme. Encore la communauté n'a-t-elle le droit de répétition que pour le capital de la dette qu'elle a payée; car, comme elle gagne pour elle les revenus des biens propres aux époux, elle doit, par une juste réciprocité, prendre à sa charge tous les intérêts ou les arrérages de leurs dettes personnelles.

DE LA COMMUNAUTÉ PENDANT SON EXISTENCE OU SA DURÉE.

Il y a dans la communauté des intérêts collectifs mais il y en a aussi de propres. Ce fond commun s'augmente et se diminue par les actes individuels. Il faut voir dans quelle mesure ces actes peuvent lui être favorables ou lui nuire.

CHAPITRE PREMIER.

POSITION RESPECTIVE DES ÉPOUX PAR RAPPORT
AU PATRIMOINE COMMUN.

La communauté constitue une variété de société; donc les époux sont associés. La femme a des droits aussi bien que le mari, mais ils ne se manifestent pas d'une manière active.

Le Code établit que les droits du mari sont supérieurs à ceux de la femme : il administre seul et n'a pas besoin du concours de sa conjointe pour aliéner, acquérir, perdre; cependant, s'il a des droits aussi étendus, il est aussi gérant responsable, et toutes les dettes dont la communauté est tenue peuvent être poursuivies tant sur ses biens personnels que sur ceux de la communauté. Il a les mouvements, mais il a aussi les charges.

Il ne peut employer les biens de la communauté à s'enrichir ou à enrichir les siens, car tout doit être fait dans l'intérêt commun; et, si les affaires se dérangent, la femme a pour garantie la séparation ou bien un moyen suprême : la renonciation à la communauté.

CHAPITRE II.

ACTES DES ÉPOUX QUI PEUVENT ENRICHIR OU APPAUVRIR
LA COMMUNAUTÉ.

La communauté comprend deux personnes. Chacune d'elles est capable de certains actes qui peuvent modifier le patrimoine commun : elles peuvent acquérir et consacrer leurs économies à l'augmentation de leurs biens; elles

peuvent être l'objet de libéralités de la part de tiers;
comme aussi elles peuvent aliéner et grever les biens
communs. Par le fait de ces actes, la communauté s'enrichit
ou s'appauvrit.

SECTION 1re.

*Conséquences des acquisitions faites par les époux
durant le mariage.*

1re règle. Les acquisitions mobilières, à quelque titre
que ce soit, profitent à la communauté, et les immobilières
ne lui profitent que lorsqu'elles ont été faites à titre
intéressé.

Les épargnes profitent à la communauté : or, si avec
ces épargnes on achète un immeuble, il est raisonnable
que cet immeuble tombe dans la communauté; tandis
que celui qui fait l'objet d'une libéralité est laissé au
donataire, à moins que la donation ne contienne express-
sément que la chose donnée appartiendra à la communauté.
Lorsqu'un immeuble a été donné aux deux époux à la
fois, il reste propre à chacun pour moité. En effet, la
règle étant que les seuls immeubles acquis par l'industrie
commune ou par les épargnes deviennent communs, il
n'y a pas contradiction à cette règle en concluant comme
nous l'avons fait.

Une succession s'ouvre ni exclusivement mobilière, ni
exclusivement immobilière. Si le partage a lieu en nature,
l'époux verse les biens mobiliers et conserve les immeubles.
Mais s'il ne reçoit que des meubles ou des immeubles,
tous les meubles reçus tomberont-ils dans la communauté,
ou tous les immeubles n'y tomberont-ils pas? Si le partage
a été fait loyalement, s'il n'y a pas eu fraude, on suivra
la règle ordinaire.

2ᵉ règle. La communauté profite des fruits et revenus des biens des époux.

La loi ne distingue pas ici les biens communs des biens propres. Tous les revenus sont fondus dans la communauté, pourvu qu'ils soient échus ou perçus pendant le mariage.

Le droit de la communauté est un droit d'usufruit général du patrimoine et non un usufruit spécial. Dans ce second cas, les objets ne pourraient être aliénés qu'avec les mêmes charges, tandis que l'usufruit général dont il s'agit est appliqué à l'ensemble et ne suit pas l'objet hors du patrimoine. C'est un réseau qui embrasse les objets de la communauté, et, hors de ce réseau, il n'y a plus lieu à appliquer le droit d'usufruit.

Tout ce qui est fruit appartient à la communauté. Donc, les coupes de bois et les produits des carrières et des mines tombent dans la communauté pour tout ce qui est considéré comme usufruit, avec cette distinction que l'usufruitier ordinaire ne gagne les fruits naturels que par la perception, tandis que les fruits civils sont acquis jour par jour. L'usufruitier ne peut rien contre le propriétaire des récoltes qui n'ont pas été réclamées, tandis que tous les fruits échus et perçus sont acquis à la communauté. Si les coupes n'ont pas été faites, il en sera dû récompense par le propriétaire du fonds.

Si les carrières sont ouvertes pendant le mariage, les produits appartiennent au propriétaire du fonds, et si les revenus ont été versés, récompense doit lui en être faite.

Il y a donc des meubles propres? Si ce sont des objets mobiliers *fongibles*, la communauté en est quasi-usufrui-tière. Si ces meubles sont des corps certains, l'époux conserve la propriété et court les chances de perdre la fortune sans récompense.

Une acquisition a été faite et le titre a disparu; l'immeuble est-il propre ou acquêt? La présomption est en faveur de la communauté et la preuve de la possession légale avant le mariage ou de l'acquisition pendant le mariage est à la charge de celui qui veut que l'immeuble soit propre.

L'époux était en possession d'un immeuble avant la célébration du mariage, mais sous condition : si la condition se produit pendant le mariage, il en est censé propriétaire pour une cause antérieure et l'immeuble ne sera pas acquêt.

Il peut arriver que, par arrangement de famille, un ascendant cède un immeuble à son descendant marié. Ce n'est pas une donation pure et simple, mais bien un acte intéressé. Ou bien encore il le charge de payer ses dettes. Cette opération n'est pas non plus une donation ordinaire et l'immeuble ne formera pas un acquêt. Si toutefois le descendant paye les dettes avec l'argent de la communauté, il devra la récompense de ces fonds, mais le bien lui restera toujours propre.

Dans le cas d'échange d'un immeuble contre un autre immeuble, le second est subrogé au lieu et place du premier; si donc le premier était un propre, le second restera propre, et s'il a fallu ajouter une soulte fournie par la communauté, celle-ci aura le droit de récompense.

L'un des époux est propriétaire d'un immeuble par indivis : cette part lui reste propre; mais le partage a lieu et l'époux devient propriétaire de tout l'immeuble : l'acquisition du surplus de l'immeuble n'étant que le résultat de la propriété de cette part, la propriété de la totalité restera toujours propre.

Dans le cas où la femme est propriétaire par indivis d'une part d'immeuble, si elle achète la totalité, ce ne sera point un conquêt et l'immeuble restera propre à la femme.

Mais si c'est le mari qui devient acquéreur ou adjudicataire?

Si c'est par un mandat de sa femme, celle-ci sera propriétaire; mais s'il achète en son nom personnel ou au nom de la communauté, l'opération ne sera pas définitivement faite. La femme peut, à la dissolution de la communauté, prendre l'immeuble pour elle, en en donnant le prix si l'opération lui est favorable; si au contraire elle est mauvaise, elle opte en sens inverse, laissant l'affaire au préjudice du mari, et elle réclame sa portion indivise. Par conséquent, tant que la dissolution n'a pas eu lieu, la position reste incertaine.

SECTION II.

Administration des biens communs.

L'administration appartient au mari seul, sans autorisation de la femme ou de la justice. Point de contrôle à subir. Bien plus, il ne peut, même à l'aide d'aucune convention, renoncer à ce droit; ce n'est que si par des dilapidations le mari mettait en danger la fortune de la femme, que celle-ci aurait recours à la séparation de biens.

Il ne peut non plus modifier par stipulation l'exercice de cette administration; ses pouvoirs sont très-étendus : il peut passer tous les actes qui rentrent dans la gérance des biens, sans contrôle de la femme.

Le mari peut disposer en principe des biens communs, mais, comme sa femme est associée, ce pouvoir reçoit des restrictions. De ce qu'il peut vendre, aliéner, hypothéquer, il ne faut pas croire qu'il le puisse d'une façon illimitée. Il peut faire tous les actes d'aliénation à titre intéressé: la loi suppose que la femme lui a accordé ce droit en acceptant le régime de la communauté. Il peut hypothéquer dans l'intérêt de la communauté; à plus forte raison, contracter un emprunt, donner un gage, un immeuble.

5

Il a l'exercice des actions possessoires et pétitoires.

Potest dissipare, d'après les auteurs anciens; mais le Code civil est plus sévère pour le mari que ne l'était l'ancienne législation :

1° Il ne peut pas faire des actes qui seraient dans son intérêt trop évident.

2° La disposition consentie par le mari ne devrait pas être à la charge de la communauté, si elle était faite en haine ou en fraude de sa femme.

3° Sous l'ancienne législation, il pouvait donner entre-vifs les biens de la communauté; maintenant, il ne peut faire des donations importantes d'immeubles sans qu'elles soient faites dans l'intérêt des enfants.

Il peut néanmoins disposer à titre gratuit du mobilier, pourvu qu'il ne donne pas une quotité de meubles.

Quelle que soit la valeur des sommes données à titre particulier, ces donations sont valables; cependant la profusion du mari est une fraude envers la femme : les donations ne doivent donc pas être exagérées.

4° Le mari peut-il disposer par testament des biens de la communauté ?

Il ne le peut que jusqu'à concurrence de sa part. S'il a donné un effet de la communauté, un corps certain, cet objet, lors de la dissolution, tombera dans le lot du mari ou dans celui de la femme. Dans le premier cas, le légataire pourra le réclamer en nature; dans le second, la loi présume que la valeur de la chose léguée pourra être exigée par le légataire de la part de l'héritier.

La situation de la femme est telle, que les actes faits par elle sans l'autorisation du mari ne peuvent engager les biens de la communauté. Elle ne peut s'obliger seule que pour tirer son mari de prison ou pour pourvoir à l'établissement des enfants en l'absence du mari, et encore faut-il qu'elle soit autorisée par justice; mais elle peut, comme le mari, disposer par testament des meubles de la communauté.

SECTION III.

Des dettes contractées par les époux durant la communauté.

Les époux peuvent être débiteurs de leur propre chef ou du chef d'un individu dont ils sont héritiers ou légataires.

D'où la division des dettes en : *dettes entièrement communes ou sans recours, imparfaitement communes et restant propres à l'époux qui les contracte.*

Le recours dont il est ici question n'est pas *actuel*, il ne s'exerce qu'à la liquidation de la communauté.

§ 1er. *Dettes directes des époux.*

Art. 1er. Charges entièrement communes ou sans recours.

1re question. — Quelles sont les dettes des époux qui deviennent communes sans recours ?

Elles procèdent de trois chefs :

1° La dette constitue une charge du mariage ou des revenus : *Ubi emolumentum est, ibi onus esse debet.*

De ce nombre sont les intérêts à payer pour les dettes des deux époux, les réparations usufructuaires des immeubles qui n'entrent pas en communauté, les aliments des époux et l'éducation et entretien des enfants.

2° Dettes contractées par les époux dans les conditions légales, où ils peuvent lier la communauté.

Quant *au mari*, il peut, en contractant une dette, lier la communauté par lui-même ou par un mandataire, lorsque par exemple la femme contracte avec son autorisation.

Font exception à cette règle les dettes que le mari a

contractées par ses délits; elles peuvent être poursuivies
sur les biens de la communauté, sauf la récompense due
à la femme.

Quant à celle-ci, elle contracte une dette entièrement
commune lorsqu'elle agit avec l'autorisation du mari.

Quand elle n'a obtenu que l'autorisation de la justice et
non celle du mari, les biens de la communauté ne sont pas
engagés, à moins qu'il ne s'agisse pour la femme de retirer
son mari de prison ou d'établir les enfants.

Sont encore rangées dans cette catégorie les *dettes solidaires*. Le mari et la femme empruntent : puisque le mari
seul engage la communauté, à plus forte raison avec le
concours de la femme.

3° Dettes non contractées dans les conditions précédentes,
mais ayant néanmoins tourné au profit de la communauté.

Si l'un des époux a contracté une dette en dehors de la
communauté et que celle-ci en ait retiré un profit, il n'y
a pas de recours possible. Cette disposition est d'ailleurs
commune à toute la société.

2ᵉ *Question.* — Contre qui et sur quels biens le créancier
d'une dette entièrement commune peut-il agir ?

1° Contre l'époux qui a contracté, en vertu de ce principe
que tout débiteur répond de ses engagements sur tous les
biens qui lui appartiennent.

Si les deux époux ont contracté ensemble, ils ont
contracté solidairement et sont tenus l'un et l'autre du
payement de la créance; si l'obligation n'est pas solidaire,
la femme, même personnellement obligée, ne peut être
poursuivie que pour la moitié de cette dette.

2° Contre les biens de la communauté : meubles, immeubles, acquêts.

3° La dette est commune, le créancier pourra poursuivre
non-seulement contre les biens de la communauté, mais
contre le patrimoine du mari : par exemple, en cas de dettes

contractées par la femme, autorisée par le mari : cela, à
cause de la liaison intime du mari et de la communauté; il
en est le représentant. Il y a présomption légale, parce que,
lorsqu'il autorise la femme, c'est qu'il croit qu'il y a intérêt
de la communauté.

Cependant, il faut excepter le cas où il est évident par
les circonstances que ni lui, ni la communauté n'avaient
aucun intérêt à s'engager. De même, lorsqu'un immeuble
propre à la femme a été vendu par elle et que le mari a
donné l'autorisation *sans garantie à l'acquéreur;* dans ces
deux cas, il ne peut y avoir d'action contre le mari.

4° Si la femme a engagé la communauté avec autorisation du mari, la communauté et le mari en sont tenus.
Si le créancier attaque personnellement la femme, elle aura
un recours contre la communauté et contre le mari qui l'a
autorisée.

Art. 2. Charges imparfaitement communes ou avec
recours de la communauté.

Ire Question. — Quelles sont les dettes qui, quoique
devant rester à la charge de l'époux contractant, peuvent
être poursuivies sur les biens de la communauté ?

1° Toute dette contractée par le mari peut être poursuivie contre la communauté, parce que le créancier ne
peut savoir quel a été le mobile du contractant. Seulement,
s'il est évident que c'est dans l'intérêt du mari que la dette
existe, la communauté aura recours contre son patrimoine
personnel.

Les amendes encourues par le mari pour ses délits peuvent se poursuivre sur les biens de la communauté, sauf
la récompense due à la femme.

2° La femme qui contracte avec l'autorisation du mari,
mais dans son intérêt personnel, engage la communauté,
qui peut alors exercer son action contre la femme.

Les amendes encourues par la femme ne peuvent s'exécuter que sur la nue propriété de ses biens personnels ; le mari n'a pu l'autoriser à commettre un délit : donc, la femme étant censée agir seule, la communauté ne peut pas être engagée. Il en est de même lorsqu'elle a traité avec la simple autorisation de la justice.

3° Quant aux dettes solidaires, elles peuvent être poursuivies contre la communauté, sauf le recours contre celui des époux dans l'intérêt duquel la dette est contractée.

2e *Question.* — Contre qui le créancier peut-il agir ?

1° Contre l'époux contractant, quel qu'il soit, et contre son patrimoine propre, contre la communauté, et enfin, contre le mari qui aurait autorisé (mêmes actions que pour les dettes communes parfaites).

Une fois le créancier désintéressé, il y a recours de la part de la communauté contre l'époux que la dette intéressait personnellement.

Dotation des enfants par les époux mariés sous le régime de la communauté.

L'obligation de doter les enfants n'est pas une *obligation civile.* Comme obligation naturelle, elle n'incombe qu'aux parents individuellement considérés, et non à la communauté, qui est une institution civile. De là, il résulte que tout époux qui dote un enfant est présumé ne vouloir remplir que son obligation personnelle et ne pas engager la communauté.

Cependant, quoique celle-ci ne soit pas tenue de remplir cette obligation naturelle, on ne peut pas méconnaître que les époux ne peuvent faire un meilleur emploi de leurs biens que de les faire servir à doter leurs enfants. Aussi, les deux époux réunis et même le mari seul peuvent convenir qu'ils entendent doter l'enfant en valeurs de la communauté; mais il faut que cette intention soit exprimée.

1º Dotation faite à titre personnel.

Les deux époux ont doté un enfant commun.

Pour qu'une communauté soit engagée, il n'est pas néces-saire que la femme intervienne, le mari seul peut l'engager. Si la femme intervient, c'est qu'elle veut s'engager sur ses biens propres. Malgré l'intervention des deux époux, s'il n'a été rien dit sur l'engagement de la communauté, ils sont engagés chacun sur leurs biens personnels et ils sont censés avoir doté chacun pour moitié.

Quoique la dot ait été promise à titre personnel, elle peut avoir été payée sur les biens communs. Chacun a alors un recours contre l'époux en récompense de la moitié, et quand même la femme renoncerait à la communauté, elle serait tenue de payer la dot promise.

Lorsqu'un seul des époux a doté un enfant commun, celui qui a promis est seul tenu.

De même, si l'enfant doté est né d'un premier mariage, l'époux dotant est seul engagé.

2º Dotation mise à la charge de la communauté.

La loi permet de doter l'enfant à l'effet de la commu-nauté. Dans ce cas, lorsque le mari seul dote, il ne peut donner les immeubles; mais la communauté doit supporter la charge, lorsque c'est à l'effet de la communauté que l'engagement a été pris. Quand la femme accepte, elle est engagée pour la moitié de la dot; quand elle renonce, elle devient étrangère.

La femme autorisée du mari peut aussi doter l'enfant à l'effet de la communauté; elle le peut même avec autori-sation de la justice, quand le mari est absent; mais pour qu'elle supporte entièrement la charge, il faut qu'elle accepte la communauté; sinon, comme elle ne s'est engagée qu'à l'effet de la communauté, c'est celle-ci qui sera engagée.

§ 2. — *Dettes provenant de successions ou donations acceptées, sous ces charges, par l'un des époux.*

I**re** *Question.* — La communauté doit-elle supporter tout ou partie de ces dettes?

Lorsque nous avons examiné les dettes des époux antérieures au mariage, nous avons vu que l'actif mobilier entrait dans la communauté, et non les immeubles; de même, les dettes mobilières y entrent et les immobilières en sont exclues.

Ici, la nature de la dette n'est pas en question, la loi se préoccupe de ce que la communauté gagne et elle ne fait entrer dans la communauté qu'une part du passif égale, proportionnelle à l'actif. Si elle gagne la moitié dans la succession, elle prend la moitié des charges; si elle ne gagne rien, elle n'est tenue d'aucune dette.

1° La succession est *toute mobilière.*

Toutes les dettes seront payées par la communauté.

2° Elle est *tout immobilière.*

La communauté ne gagnera rien; donc les dettes ne seront pas à sa charge.

3° Elle n'est *ni purement mobilière, ni purement immobilière.*

La communauté supportera une part proportionnelle à la quantité d'actif qu'elle retiendra. On verra si les meubles sont pour la moitié ou pour le quart, etc., et la communauté ne supportera que la moitié ou le quart des dettes.

Il faut donc établir cette proportion, et cela au moyen de l'inventaire que le mari aura fait. Mais si cet inventaire, laissé aux soins du mari, n'a pas été dressé, la femme a tout intérêt à dire que les meubles l'emportent sur les immeubles, et elle peut l'établir par toutes sortes de moyens. Le mari, lui, ne le peut pas; il subit les conséquences de sa faute. L'absence d'inventaire fait présumer que les immeubles l'emportaient, et il ne pourra établir le contraire que par des titres, tandis que la femme le peut par la commune renommée.

Si le donateur avait exclu de la communauté les biens mobiliers qu'il donnait, la communauté, ne gagnant rien, ne supporte aucune dette.

2ᵉ Question. — Quelle influence le régime de la communauté, sous lequel est marié l'héritier ou le donataire, exerce-t-il sur les droits des créanciers antérieurs à l'ouverture de la succession ou à la donation?

Cette circonstance ne peut diminuer les droits des créanciers; au contraire, elle va les augmenter. En effet, les créanciers conservent leurs droits sur les biens héréditaires, ils ont même le droit de demander la séparation des patrimoines. Quand même l'héritier n'aurait pas été marié sous le régime commun, les créanciers ont le droit de poursuites sur le propre patrimoine de l'héritier qui a confondu sa personnalité avec l'hérédité. Donc le régime ne diminue rien aux droits des créanciers, mais encore celui de la communauté les augmente, puisqu'ils peuvent encore se faire payer sur l'actif de la communauté.

1° La succession est échue au mari : ils peuvent poursuivre la communauté, même pour la part de dettes correspondant à ce qu'elle ne gagne pas. Le mari engage la communauté, sauf le recours, ce qui arrive lorsque la succession est tout immobilière.

2° La succession est échue à la femme, elle est purement immobilière. Si la femme l'a acceptée avec autorisation du mari, les créanciers ont action sur les biens héréditaires, sur les personnels de la femme, sur les biens de la communauté et sur ceux du mari. Si la succession a été acceptée par la femme avec autorisation de la justice, la communauté n'est pas en principe tenue des dettes, mais les créanciers ont une action *de in rem verso* jusqu'à concurrence de l'actif, qui sera constaté par un inventaire. A défaut d'inventaire, la communauté sera tenue pour le tout, sauf ensuite la preuve à faire entre le mari et la femme des biens qui lui ont profité.

Lorsque la succession est en partie mobilière et en partie immobilière et qu'elle est échue à la femme, si le mari l'a autorisée, les créanciers pourront poursuivre les biens communs et ceux du mari, et s'il n'y a pas d'inventaire, c'est encore sur les biens du mari, sauf le recours ou règlement entre le mari et la femme.

CHAPITRE III.

RÈGLES CONCERNANT LES PROPRES ACTIFS OU PASSIFS DE CHAQUE ÉPOUX.

§ 1er. — *Propres du mari.*

Le mari est tenu pour la totalité des dettes de la communauté par lui contractées, sauf son recours contre sa femme ou ses héritiers pour la moitié desdites dettes.

De même, les dettes que la femme a contractées avec le consentement de son mari peuvent être poursuivies sur les biens de celui-ci, sauf son recours.

Les droits de l'administrateur de la communauté sont très-étendus : il fallait bien que le mari assumât la responsabilité de ses actes et de ceux qu'il autorisait.

§ 2. — *Propres de la femme.*

Le mari est l'administrateur de la communauté avec la

plus grande liberté d'action, tandis que les biens propres de la femme ne sont confiés qu'à sa garde, et s'il en a l'administration, il doit l'exercer en bon père de famille et avec responsabilité, à la charge de rendre compte et d'indemniser.

Il peut exercer seul toutes les actions mobilières et possessoires qui appartiennent à la femme; mais, pour ce qui regarde les propres immobiliers, il a l'action possessoire et non l'action pétitoire. Toutefois, il peut agir, même au pétitoire immobilier, dans la limite du droit d'usufruit qui appartient à la communauté.

A-t-il le droit d'exercer l'action en partage ? Non, à moins que ce ne soit avec le concours de sa femme.

Il a qualité pour poursuivre les débiteurs, il peut donc recevoir des sommes dues et en donner quittance.

Aliénation des biens. — Le mari ne peut aliéner les *immeubles* sans le consentement de sa femme, c'est-à-dire qu'il n'a pas mandat légal pour le faire, mais sa femme peut pendant le mariage lui donner un mandat d'aliéner.

La femme pourrait-elle aliéner avec l'autorisation de la justice ? Oui, mais en réservant à la communauté la jouissance des propres.

Quant aux meubles, ils constituent ou des corps certains, ou des choses fongibles. L'aliénation de ces derniers est permise au mari; il n'en est pas de même des autres. Néanmoins, l'aliénation sera valable toutes les fois qu'elle aura le caractère d'un acte d'administration.

Le mari peut encore tous les actes conservatoires. Il est tenu des réparations d'entretien comme administrateur de la communauté, qui a la jouissance des immeubles. Quant aux grosses réparations, il doit les faire au nom de sa femme, qui devra récompense.

La responsabilité du chef de la communauté s'étend par conséquent aux actes interruptifs de prescription. Quant aux actions pétitoires, il n'a pas qualité pour en interrompre la prescription, mais il doit avertir sa femme que les immeubles sont possédés par un tiers.

Les baux et locations d'immeubles rentrent aussi dans les pouvoirs du mari avec les distinctions suivantes : Si le bail est consenti par le mari et la femme, il est obligatoire pour toutes les parties. Consenti par le mari seul, il est complétement obligatoire pour le mari, le preneur et la communauté. Mais, quand cesse la communauté, si le bail ne dépasse pas neuf ans, il est obligatoire pour la femme; dans le cas contraire, on le divise en périodes de neuf années, et le fermier a le droit de terminer le temps qui reste à courir de la période où l'on se trouve à la dissolution de la communauté. Cette limitation étant dans l'intérêt de la femme, elle peut y renoncer sans le concours du mari, et celui-ci ne pourrait pas demander la résiliation d'un bail excédant ses droits, car ce sont les seuls biens de la femme qui sont en jeu. La communauté a droit à une portion du prix du bail proportionnelle au temps qu'il a duré pendant qu'elle existait encore.

Le bail renouvelé par le mari dans les trois années qui précèdent la cessation du premier bail (quand il s'agit de biens ruraux), ou dans les deux années qui précèdent la cessation de la location (quand il s'agit de maisons), est régulier; il est irrégulier, s'il est renouvelé avant cette époque; d'où la femme peut être tenue de souffrir un bail de douze ans (trois avant la cessation et une période de neuf ans).

Le renouvellement irrégulier reste-t-il toujours sans effet? Il ne reçoit aucun effet, si le premier bail durait encore à l'époque de la dissolution de la communauté ; mais il est obligatoire pour la femme, s'il y a un commencement d'exécution.

§ 3. — *Emploi et remploi des propres.*

Le mari a reçu un propre, une somme d'argent, qu'il a versée dans la caisse de la communauté. Jusqu'à nouvel ordre, cette somme est censée acquise à la communauté; seulement celle-ci en devra compte à l'époux à qui elle est propre. Si le mari a employé l'argent, il résulte de ce fait une créance contre la communauté, mais il peut vouloir modifier cet effet immédiat résultant du versement de la somme dans la caisse de la communauté; il peut vouloir que, si un objet a été acheté, cet objet reste aux risques du propre et ne soit pas confondu; il achètera alors un objet pour remplacer cette somme et cette opération sera un *remploi.*

En principe, le remploi a un caractère purement facultatif. Il est obligatoire lorsque les époux en sont convenus dans leur contrat de mariage; s'il n'y a pas de remploi, la communauté reste débitrice.

La somme a été un moment dans la caisse de la communauté; or, tout immeuble acquis avec l'argent de la communauté est un *acquêt.* Donc, pour faire un *propre,* il faut que, lorsque le mari remplit pour son compte personnel, il déclare au moment de l'achat que l'immeuble est acquis moyennant les deniers provenus de l'aliénation de son propre, et qu'il est acquis pour être subrogé au lieu et place du propre aliéné; sinon, il tombe dans la communauté. Quand le propre appartient à la femme, le mari devra bien déclarer que sa femme achète pour remploi; mais la femme n'est pas à sa disposition. C'est l'offre d'une revente que le mari adresse et qu'il peut révoquer au gré de son intérêt, tant que la femme ne l'a point acceptée. Si elle ne l'accepte pas, elle a droit à récompense à la fin de la communauté, et, pendant sa durée, la stipulation repose sur la tête du mari. Si elle accepte, au contraire, avant la dissolution de la communauté, celle-ci est libérée, mais cette acceptation n'a pas d'effet rétroactif.

L'immeuble acquis en remploi est propre *pour le tout*, même au cas où le prix qu'il a coûté dépasse le prix de l'immeuble qu'il remplace. Toutefois, si la somme payée en plus était considérable, il ne serait propre alors que dans la mesure de ce prix; la communauté l'acquerrait pour le surplus.

La clause de remploi n'a d'effet qu'au point de vue des rapports des époux entre eux; elle n'est pas opposable aux tiers.

Propres passifs.

Il y a des dettes que ne doit pas supporter la communauté.

Les poursuites sont dirigées contre l'époux débiteur, mais aussi contre la communauté, lorsque les dettes sont imparfaitement communes, car la communauté a recours contre l'époux débiteur. Cela arrive lorsque c'est le mari qui doit, ou la femme autorisée par le mari. Mais lorsque cette autorisation fait défaut, c'est seulement contre les biens propres de la femme que les poursuites sont dirigées.

La femme contracte une dette propre avec l'autorisation du mari, par exemple, pour l'établissement d'un enfant. Le créancier aura action contre les biens de la femme, contre la communauté, et encore contre les propres du mari.

C'est par exception que le mari est tenu. Lorsqu'il est évident que la communauté n'avait aucun intérêt pas plus que le mari, le payement n'est poursuivi que sur les biens personnels de la femme.

Le mari s'est obligé avec la femme, et, cependant, il

n'est pas tenu. La femme vend un propre avec l'intervention du mari comme garde. L'acquéreur évincé aura recours contre la femme et contre le mari; mais si celui-ci s'est borné à autoriser sa femme, il ne sera pas tenu du payement.

La femme peut-elle être recherchée sur ses biens propres pour une dette du mari?

Non. Si le mari est poursuivi, c'est parce qu'il est le chef, l'administrateur de la communauté. Il faut que la femme se soit engagée solidairement avec son mari pour être poursuivie, et encore la loi dit que, dans ce cas, l'affaire est censée intéresser principalement le mari; jusqu'à preuve du contraire, la femme n'est considérée que comme caution.

CHAPITRE IV.

RECOURS ET RÉCOMPENSES.

C'est la sanction de l'organisation précédemment exposée.

Le mari administre le patrimoine commun, le sien propre et celui de sa femme. Il y a un frottement continuel entre ces divers patrimoines, et par suite l'un doit souvent à l'autre: c'est inévitable et utile, mais il n'est pas juste que le patrimoine appauvri supporte définitivement cette charge. Le recours est donc nécessaire, car on considère ces déboursés comme une avance dont on se réserve le remboursement, et non comme une libéralité gratuite.

Pour déterminer ce qui peut être dû et la mesure de la récompense, il faut combiner l'appauvrissement de l'un des patrimoines avec le profit de l'autre enrichi. Il y a ordinairement correspondance entre le profit de l'un et la perte de l'autre; mais, dans le cas contraire, la récompense de l'appauvri ne peut dépasser en maximum le profit du patrimoine enrichi. Ainsi, un propre valant 100 fr. est vendu 50 fr.; il y a perte d'un côté et enrichissement de la communauté du prix de cet immeuble, c'est-à-dire 50 fr. dont elle devra récompense. L'immeuble valant 100 fr. est vendu 200 fr. La communauté doit 200 fr., dont elle s'est enrichie.

Le règlement et le payement des récompenses ne se font qu'après la dissolution de la communauté; cependant si, durant la communauté, un bien venait à être vendu, l'époux pourrait obtenir une collocation provisoire sur le prix de cet immeuble.

Lors de la dissolution, pour déterminer la base sur laquelle doit avoir lieu le règlement, il faut considérer si le cas donne lieu à récompense et si celui qui doit a joué le rôle d'emprunteur, ou non.

Dans le premier cas, il devra la récompense d'après les bases au moment de l'opération; sinon, d'après les bases d'appauvrissement et d'enrichissement au moment de la dissolution.

La communauté a joué le rôle d'emprunteur lorsqu'elle a reçu des valeurs propres qu'elle a versées dans la caisse: elle doit donc récompense, calculée au moment où l'opération se fait, et il y aura lieu au prélèvement de ce prix.

Au lieu de recevoir une valeur d'argent, la communauté a reçu, pour une dette de 50 fr., un propre valant 100 fr. Elle n'a gagné que 50 fr.; donc elle ne doit que 50 fr.; mais c'est au moment où l'opération est faite que se calcule la perte ou le gain, parce que la communauté a joué le rôle d'emprunteur.

Dans d'autres cas, la communauté a une servitude, dont le mari la décharge en abandonnant au dominant un propre immeuble. Cela ne ressemble pas à un emprunt;

c'est un échange, un arrangement. On ne connaîtra l'avantage ou la perte qu'à la dissolution de la communauté. Tout cela ne se réglera donc qu'à la dissolution.

Lorsque la femme est caution, on ne sait ce que lui coûtera cette caution; ce n'est donc encore qu'à la dissolution que l'évaluation pourra être faite.

Lorsque la communauté doit récompense à la femme, celle-ci aura recours contre les propres du mari, en cas d'insuffisance des biens de la communauté; tandis que le mari n'a pas de recours contre les propres de la femme, et son droit de récompense ne s'exerce que sur la masse commune.

Les récompenses emportent les intérêts de plein droit du jour de la dissolution de la communauté.

Il y a des cas où l'acte est dans l'intérêt exclusif de l'un des époux. Alors, la communauté est censée avoir fait un prêt, et on en estimera la valeur au moment où l'opération est faite. Lorsque la communauté y avait un intérêt, ce ne sera qu'à la dissolution que l'estimation aura lieu.

L'un des époux a un immeuble propre, il le vend moyennant une rente viagère stipulée propre. La communauté a profité du revenu de la rente. L'époux meurt. Ses héritiers ont-ils un droit de récompense contre la communauté ?

L'époux avait une rente et il la transforme. La transformation donne-t-elle lieu à une récompense de la part de la communauté contre les héritiers ?

Dans aucun de ces cas, il n'y a lieu à récompense, si l'opération a été faite avec loyauté.

Les époux sont débiteurs envers la communauté : 1° du payement de leurs dettes personnelles; 2° des sommes déboursées par elle pour le recouvrement d'un propre; 3° des sommes avancées pour la conservation ou l'amélioration d'un propre.

Le mari et la femme se doivent récompense lorsque, à l'occasion de la dette de l'un d'eux, l'autre a contribué au payement. Ce n'est, en effet, qu'une avance.

Lorsque le mari qui a autorisé sa femme est recherché par les créanciers, il se retourne contre elle. Lorsqu'il s'est rendu garant solidaire, s'il est recherché, il a encore le même recours.

Le mari contracte une dette en faisant intervenir sa femme, elle a parlé au contrat; le créancier a acquis une action contre les deux époux : il a poursuivi le mari insolvable et la femme a payé. Dans ce cas, elle est présumée n'avoir joué que le rôle de caution. Elle peut répondre que l'opération n'intéressait que la communauté ou le mari, et que, si elle s'est engagée, c'est parce qu'elle n'a pu résister. La femme doit être alors indemnisée, indemnité pour laquelle elle a le droit d'hypothèque sur les biens du mari. Mais celui-ci peut prouver, à son tour, que cette opération intéressait sa femme.

Les intérêts des récompenses entre époux ne datent que du jour de la *demande en justice*.

CHAPITRE V.

DISSOLUTION DE LA COMMUNAUTÉ.

La communauté peut être dissoute par la mort de l'un des deux époux, par la séparation de corps et par la séparation de biens. La séparation de biens peut être directe, c'est-à-dire demandée directement en justice, ou indirecte, c'est-à-dire provenant de la séparation de corps.

Il ne peut y avoir de séparation volontaire, et il faut un jugement qui la prononce. En voici les raisons : on n'a pas voulu que, par des moyens abusifs ou par un consentement arraché, la femme pût prendre un pouvoir qui n'appartient qu'au mari. En second lieu, les conventions matrimoniales étant immuables, ce serait donner aux époux un moyen facile de les modifier que de leur accorder la séparation volontaire. De plus, les tiers sont toujours intéressés à connaître l'état des époux. Or, la séparation de biens n'a pas été instituée pour permettre à la femme et au mari de frauder les créanciers, ce qui fût arrivé si l'on eût permis la séparation de biens volontaire.

La femme seule a le droit de demander la séparation de biens : les créanciers personnels ne sauraient, sans son autorisation, exercer la même demande, car il est peu agréable pour un mari d'être soumis à cette mesure, et il est possible que la femme préfère ménager sa susceptibilité et n'avoir pas recours à ces démarches. Cependant il se peut aussi que, malgré ces dispositions de la femme, la faillite soit sur le point d'éclater; la position du mari est notoire : alors les ménagements de la femme sont inutiles, et les créanciers peuvent exercer les droits de leur débitrice jusqu'à concurrence du montant de leur créance. Mais la communauté ne doit pas moins exister.

Si la femme vient à mourir en instance, les héritiers peuvent-ils poursuivre? Il y a intérêt pour eux, car la séparation a un effet rétroactif; ils peuvent donc continuer l'instance.

La femme peut demander la séparation lorsque le désordre des affaires du mari et le péril de la dot mettent ses biens en danger. Il n'est pas nécessaire que le mari soit déjà ruiné, il suffit qu'il tende à la ruine.

Dans l'actif de la communauté sont entrés des biens de la femme; c'est là sa dot. Si la mauvaise administration met la dot en péril, il y a lieu de pourvoir à la séparation, mais alors même qu'il ne s'agit pas des biens personnels de la femme : les biens de la communauté ont une disposition, et si le mari les dissipe, la femme a bien le droit de demander la séparation. Mais comment saura-t-elle que les affaires du mari sont en désordre ? Quelquefois par l'aveu même du mari, mais aussi par les actes de la justice, saisies, etc.

Il faut que l'insuffisance de répondre des biens de la femme soit postérieure au mariage, car, dans le cas contraire, la femme n'a pas attaché d'importance à l'état de gêne du mari. (Arrêt de la Cour de cassation, 1866.)

Lorsque la femme n'a pas de dot ? Elle n'a rien apporté au moment du mariage, mais elle a enrichi la communauté par son industrie, par ses acquisitions durant le mariage, et puis elle peut avoir l'espoir de recueillir des successions.

Alors même que la femme elle-même aurait été la cause de la ruine, en principe elle conserve son droit de poursuite. Mais elle ne peut former cette demande sous prétexte que le mari a été frappé d'interdiction.

La femme a généralement besoin de l'autorisation du mari pour intenter une action en justice; mais, dans le cas actuel, elle peut s'adresser par une requête au Président du tribunal de première instance, en donnant à cette demande une certaine publicité (affichage dans les couloirs du tribunal et dans les chambres, impression dans les journaux). Les créanciers ont, en effet, un grand intérêt à suivre l'instance. Pendant un mois, le jugement est suspendu pour leur donner le temps d'intervenir. La femme est alors obligée de prouver le désordre des affaires du mari, et le jugement est prononcé; mais, avant son exécution, il doit être rendu public, afin qu'on sache que ce n'est plus le mari qui fait la loi. Le mari peut bien demander la réforme du jugement, mais s'il ne l'obtient pas, la société n'existe plus : il faut procéder au partage et la femme reprend la jouissance et l'administration de ses biens. Ces effets remontent au jour de la demande; de telle sorte que les actes d'autorité exercés par le mari sur les biens de la femme sont frappés de stérilité, à moins que ce ne soient des actes faits d'urgence. Le jugement rendu, il semble que le magistrat soit bien assuré qu'il n'y a pas eu entente entre le mari et la femme, et cependant il est possible qu'il en soit ainsi et que la femme ne profite pas du jugement. Aussi la séparation est nulle, si elle n'a pas été exécutée dans la quinzaine par le payement par acte authentique de ce qui est dû à la femme. L'article 174 du Code de procédure lui accorde bien trois mois et quinze jours pour dresser l'inventaire : elle n'est pas obligée d'accepter avant ce délai, mais elle peut exercer ses reprises, et c'est de ces actes que la loi veut parler. ⁻

Les créanciers peuvent intervenir dans l'instance. S'ils ne l'ont pas fait, ils ne peuvent attaquer le jugement que lorsqu'il a été rendu en fraude de leurs droits et par la voie de la *tierce opposition;* seulement, la loi veut que cette demande soit intentée dans l'année pendant laquelle la publicité est exigée.

La *séparation de corps* emporte aussi la séparation de biens.

Le législateur n'a peut-être pas assez prévu cette conséquence que, lorsque la femme est coupable, le mari qui la fait condamner se verra dépouiller en faveur de sa femme.

Il n'y a pas de formalités à remplir : c'est un effet virtuel de la séparation de corps. De plus, la publicité n'est pas exigée pour la séparation de corps ou pour celle de biens qui en résulte. La rétroactivité n'a pas lieu non plus, dans ce cas.

Il n'y a plus lieu à la continuation de la communauté

après la mort de l'un des époux. Que devient alors la masse commune? Cela dépend de l'option que feront la femme ou ses représentants, par rapport à l'acceptation ou à la renonciation à cette communauté.

Le droit d'option de la femme considéré en lui-même est de l'essence du régime de la communauté. Après la dissolution de la communauté, la femme ou ses héritiers et ayants cause ont la faculté de l'accepter ou d'y renoncer. Toute convention contraire serait nulle. Dans le cas de mort de la femme, ses héritiers peuvent renoncer dans les délais et les formes que la loi prescrit à la femme survivante. Si toutefois la femme veuve avait diverti ou recélé quelques effets de la communauté, elle serait réputée commune, nonobstant sa renonciation : il en serait de même à l'égard de ses héritiers.

En fait et en droit, la situation de la femme séparée est différente de celle de la femme survivante. Cette dernière doit, dans les trois mois du décès du mari, faire dresser un inventaire de tous les biens de la communauté contradictoirement avec les héritiers du mari. Soit qu'elle accepte, soit qu'elle renonce, la veuve a le droit, pendant ce délai de trois mois et quarante jours, de prendre sa nourriture et celle de ses domestiques sur les provisions existantes, et, à défaut, par emprunt au compte de la masse commune, à la condition qu'elle en usera modérément. Elle ne doit non plus aucun loyer pour son habitation, pendant ces délais, dans une maison dépendant de la communauté ou appartenant aux héritiers du mari.

Les délais expirés, si la femme n'a point obtenu du tribunal une prorogation, elle est obligée d'opter.

Si elle opte pour l'acceptation, cette acceptation a lieu, comme celle d'une succession, *expressément* ou *tacitement*.

La femme mineure ne peut, à elle seule, accepter ni répudier; le tuteur doit opter pour elle, avec l'autorisation du conseil de famille.

La femme, quand elle est majeure, peut au contraire accepter seule expressément, en prenant dans un acte la qualité de commune, ou tacitement, en s'immisçant dans la communauté et faisant des actes en qualité de copropriétaire du fonds commun; mais les actes purement administratifs et conservatoires n'emportent pas acceptation tacite.

La *renonciation* doit être faite par une déclaration expresse au greffe du tribunal de première instance dans l'arrondissement duquel le mari avait son domicile. Cette renonciation est couchée sur le registre des renonciations aux successions. Toutefois, il y a une circonstance où la renonciation s'effectue de plein droit. La femme séparée qui n'a pas, dans les trois mois et quarante jours, accepté la communauté est censée y avoir renoncé, si elle n'avait obtenu la prorogation du délai. Si c'est la femme veuve qui a laissé écouler le délai, tous les ayants droit peuvent agir contre elle; seulement, elle peut être encore admise à renoncer, si elle ne s'est pas immiscée dans les affaires de la communauté; mais tous les frais contre elle faits seront à sa charge. Par rapport aux héritiers de la femme, ce droit d'option existe aussi, mais il présente une physionomie différente. Les héritiers pourront renoncer à la communauté dans les délais et les formes que la loi prescrit à la femme survivante. Mais il peut arriver qu'ils ne soient pas d'accord; l'un peut accepter et l'autre renoncer; la part répudiée par l'un n'accroît pas la part des autres, mais elle profite au mari.

Si la femme avait laissé expirer les trois mois et quarante jours sans faire inventaire, les héritiers auront un nouveau délai, qui courra du jour de la mort de la femme. Si celle-ci avait seulement fait inventaire, les héritiers auront après sa mort quarante jours pour délibérer. Il a été décidé qu'ils ont le droit de faire courir ces quarante jours à partir seulement du moment où ils auront pris parti sur l'acceptation ou la répudiation de la succession de la femme. Enfin, tant que la communauté n'est ni acceptée, ni répudiée, les biens sont dans l'état d'indivision ordinaire. Lorsque la femme renonce ou qu'elle accepte, elle a toujours le droit de faire payer son deuil.

Chacun des époux ou son représentant peut de droit exiger le partage; seulement il serait permis de décider, par une convention postérieure à la communauté, que le partage serait différé pour un délai qui n'excéderait pas cinq ans.

1° Partage de l'actif.

Il s'agit maintenant de déterminer le *quantum* de la masse partageable. Le mari détenait une quantité de valeurs actives, et la masse à partager ne doit comprendre que des biens communs. Donc, pour bien former la masse, il faut voir ce qu'on doit retrancher comme propre aux époux et aussi s'il ne faut pas y joindre quelque chose. Lorsque la communauté s'est enrichie aux dépens d'un époux, il faut que l'équilibre soit rétabli, et réciproquement. Mais les prélèvements de la femme s'exercent avant ceux du mari; ils s'exercent sur les biens qui existent encore en nature, sur l'argent, puis sur les meubles, puis sur les immeubles de la communauté et même sur les biens du mari. Celui-ci, au contraire, n'a pas d'action sur les biens de sa femme.

Le droit de la femme est *non de propriétaire*, mais *de créancière* (arrêt du 16 janvier 1858), et elle agit contre son mari comme un créancier ordinaire.

Chaque époux doit rapporter tout ce dont il est débiteur envers la communauté. La communauté s'est endettée dans l'intérêt personnel de l'un des époux; il est donc juste que ces avances soient récompensées, non-seulement en capital, mais en intérêts.

Hypothèses. — Chacun des époux doit faire un rapport. Au lieu de rapporter à la masse, ne pourraient-ils pas s'arranger ensemble et compenser leurs dettes ? Chacun doit 10 par exemple; il n'est donc pas besoin de rapporter. (POTHIER.)

L'époux a des reprises à exercer : la femme a à reprendre 30; la communauté possède déjà 10. Si à ces 10 chacun des époux ajoute 10, cela fera les 30 avec les 10 que la communauté a déjà. (POTHIER.)

Contre ce système s'en élève un autre. Le mari est intéressé à ce que la femme fasse le rapport réel à la communauté; car, si elle ne trouve que 10 à la communauté, elle pourra demander 20 au mari; tandis que, si elle rapporte ses 10, ces 10 ajoutés aux 10 de la communauté, elle n'aura que 10 à demander au mari.

Ces observations sont inutiles et le premier système est parfaitement juste, car il ne présente pas les difficultés qu'on croit y voir.

Si les dettes ne sont pas égales et si la femme doit moins, la compensation aura lieu jusqu'à concurrence de sa dette, et la femme prélèvera de plus le restant.

Après le prélèvement de la masse, chaque époux aura droit à la moitié du surplus.

Dans l'exécution du partage, il faut distinguer les objets autres que les créances et les créances elles-mêmes, qui seront divisées par moitié entre les deux époux. Le partage se fera comme celui des successions. Le retrait successoral sera applicable (TROPLONG). Les créanciers personnels peuvent exercer l'action paulienne et faire opposition.

La lésion peut-elle donner l'action en rescision ? Le Code est muet sur ce point, mais il est impossible qu'il en soit autrement, car l'égalité doit dominer dans le partage.

Le partage de communauté est un partage déclaratif

dont l'effet ne se produit qu'à partir de la dissolution de la communauté. Chaque époux est censé avoir toujours été seul propriétaire des objets compris dans son lot. L'hypothèque consentie par le mari pendant la communauté sur l'immeuble pris par la femme est valable, mais elle ne le serait plus si elle avait été prise après la dissolution.

Lorsque la femme prédécède et que, parmi ses héritiers, l'un a accepté et l'autre a renoncé, toutes les portions laissées vacantes par la renonciation viendront accroître la portion du mari.

Après le partage, chacun des époux exercera ses droits de créance personnelle sur la part qui est échue à son conjoint dans la communauté ou sur ses biens personnels. Ces créances ne portent intérêt que du jour de la demande en justice.

Quant aux donations que l'un des époux a pu faire à l'autre, elles ne s'exécuteront que sur la part du donateur dans la communauté et sur ses biens personnels.

2° Comment est supporté le passif de la communauté.

La communauté n'existant plus, il ne s'agit pas de régler seulement les droits des époux entre eux, mais aussi ceux des créanciers, à la suite des dettes contractées pendant la communauté.

De même que l'actif se divise par moitié, de même le passif doit être aussi divisé par moitié, au moins pour les dettes parfaitement communes. Si les époux doivent supporter le passif par moitié, les droits des créanciers ne sont pas les mêmes contre chacun d'eux. Le créancier a une action pour le tout contre celui qui s'est engagé personnellement, mais son action n'est que de la moitié contre celui qui n'a pas traité personnellement.

Si les dettes ont été faites par le mari, le créancier ne

doit pas en rechercher l'application; mais si la dette porte en elle-même la preuve que la communauté n'est pas engagée, le créancier n'aura recours que contre l'époux contractant.

Cette règle nous semble trop rigoureuse. Sans doute, dans le cas d'un délit, le créancier n'a pu se faire illusion sur le caractère de la dette; il pourrait agir, mais il a été modéré; il n'a pas pressé son débiteur et, par l'effet imprévu de la mort, il perdrait ses droits de poursuite?

Non. Il pourra poursuivre l'autre époux pour la moitié de la dette.

Tandis que, pendant la communauté, le créancier de la femme autorisée a action contre la communauté et contre le mari, après la dissolution il n'a d'action que contre le mari pour moitié, si la dette est commune.

Ainsi, par application de ces règles, l'époux qui a traité personnellement peut être poursuivi pour la totalité des dettes, sauf le recours pour la moitié. L'époux duquel ne procède pas la dette peut être poursuivi, mais seulement pour moitié; toutefois, il peut arriver qu'il soit poursuivi pour la totalité, lorsque la dette est indivisible.

Qu'arrivera-t-il, si l'époux, qui ne peut être poursuivi que pour la moitié, a payé la totalité?

La femme n'a pas de répétition contre les créanciers, mais elle a le recours contre son mari.

La femme n'est tenue des dettes de la communauté que jusqu'à concurrence de son émolument, pourvu qu'il y ait eu bon et fidèle inventaire. C'est le contre-poids à l'encontre des grands pouvoirs du mari.

Ce bénéfice ne s'applique aux obligations de la femme que par rapport à la communauté et non aux dettes propres.

Puisque le bénéfice d'émolument n'a pour but que de protéger la femme, il ne doit se composer que de la partie d'actif qu'elle a recueillie. Mais comment établira-t-elle qu'elle n'a recueilli que tant? Au moyen de l'inventaire, en rendant compte de ce qui lui est échu par partage.

Le bénéfice d'émolument est opposable par la femme aux créanciers et au mari, mais non de la même manière: aux créanciers, lorsqu'elle est poursuivie pour une dette qu'elle n'a pas personnellement contractée. Quant au mari, lorsqu'il a payé une dette de la communauté qu'il avait personnellement contractée, il a son recours contre sa femme, car ne doit en supporter que la moitié. Mais c'est la femme qui a contracté et elle a payé le tout? Elle a bien son cours, mais elle ne pourrait réclamer que la moitié. Au lieu voir reçu de la communauté en actif une valeur égale à moitié, elle en a reçu une inférieure? Elle demandera non plus la moitié, mais son émolument, plus la moitié.

L'émolument recueilli ne sert que pour déterminer le chiffre que doit supporter la femme; elle ne peut pas abandonner ce bénéfice aux créanciers.

L'acceptation de la communauté est irrévocable, à moins qu'il n'y ait eu dol de la part es héritiers du mari. Mais, si la femme renonce, les créanciers peuvent attaquer la renonciation, si elle est faite en fraude de leurs droits.

Nous avons vu que, lors de l'acceptation de la communauté, les époux pouvaient exercer leurs droits de reprises avant le partage de la masse. Les rep ises de la femme ne présentent pas de difficultés, tant que les propres sont en nature; mais l'exercice de ce droit devient plus difficile, lorsque la reprise doit se faire *en valeur* et non *en nature*. La femme est aux prises avec les créanciers de la communauté: si les droits des époux sont liquidés, la femme est leur débitrice jusqu'à concurrence de l'émolument; mais lorsque les créanciers ont élevé leurs prétentions avant le partage, la femme peut-elle dire: Je dois reprendre avant partage ce qui me concerne, et ce n'est qu'avec le reste que vous serez payés ?

Il s'est opéré, en 1858, un grand fait de jurisprudence : trois arrêts de la Cour de cassation et quatorze arrêts de Cours impériales décidaient que la femme avait droit aux reprises *en valeur* comme aux reprises *en nature*. A l'encontre de cette jurisprudence, s'élevaient six arrêts de Cours impériales qui n'étaient pas de cet avis ; mais, le 16 janvier 1858, les chambres assemblées, M. Dupin obtint que la Cour de cassation décidât que la femme acceptant la communauté, comme celle y renonçant, ne pourrait exercer ses reprises en valeur que comme un créancier ordinaire.

La femme qui renonce perd *toute espèce de droits* sur les biens de la communauté et même sur le mobilier qu'elle a apporté; elle peut seulement emporter les linges et hardes à son usage.

Si elle perd ses droits sur les biens communs, elle conserve ceux sur les biens propres. Les immeubles, le prix des immeubles, les indemnités dues par la communauté peuvent être retirés par elle. Ici se place la question que nous venons de résoudre, à savoir si la femme, exerçant ses reprises contre le mari et la communauté à l'encontre des autres créanciers, est plus favorisée que ces créanciers. Elle n'est absolument que créancière; mais elle a toujours une hypothèque légale venant avant les créanciers chirographaires et s'exerçant sur tous les conquêts. Si les biens de la communauté ne suffisaient pas, elle pourra poursuivre sur les biens du mari.

Vis-à-vis de la communauté, la femme qui renonce doit être déchargée de toute contribution aux dettes; mais, vis-à-vis des créanciers de la communauté, la position n'est plus la même : il faut distinguer les dettes tombées dans la communauté du chef de la femme et ses dettes personnelles.

Du moment où la femme contracte avec l'autorisation du mari, elle ne peut être poursuivie que comme commune; elle ne l'est plus : donc les créanciers n'ont pas de droit, mais elle est tenue des dettes personnelles.

La renonciation ne lui fait pas perdre ses droits de créance contre son mari.

Examinons enfin les conséquences de la dissolution par rapport au régime des biens personnels et par rapport aux charges du mariage.

Le mari reste maître de ses biens personnels, il n'en verse plus le revenu dans la caisse de la communauté. La femme administre et perçoit les revenus de ses biens personnels, mais elle est toujours sujette à la puissance maritale, et, malgré la séparation, le mari conservera une certaine responsabilité. Elle administre et n'a pas besoin d'autorisation pour les actes d'administration, mais elle est toujours sujette aux dispositions de la loi relativement aux baux faits par le mari. Elle reprend aussi la jouissance de ses biens, mais elle ne peut en laisser l'administration à son mari. Elle peut disposer de son mobilier et l'aliéner. Quant aux immeubles, elle a besoin de l'autorisation de son mari ou de la justice, même quand l'aliénation serait le résultat d'un acte d'administration. Cela s'applique aux concessions de droits réels d'hypothèque.

Ici se place la présomption *tanquam potentior* que la loi établit en faveur de la femme. Celle-ci a vendu un de ses immeubles et on lui en a payé le prix : si l'acte constatant la numération d'espèces déclare que le mari les a reçues, ou s'il est établi et avoué que le mari en a tiré un profit personnel, il est incontestablement débiteur. Mais l'acte garde le silence et il n'y a pas de preuve : si le mari a participé à l'acte constatant la numération d'espèces, cette participation le place sous le coup de la présomption légale *tanquam potentior*, la femme est censée ne pas avoir reçu les fonds.

L'article 1450 du Code civil consacre cet exemple : ou l'aliénation a eu lieu avec l'autorisation de la justice, et, dans ce cas, pas de responsabilité pour le mari ; ou le mari n'a pas autorisé, la justice autorise ; mais le mari vient ensuite figurer dans l'acte : il est alors présumé avoir pris et reçu les fonds. Il ne suffit pas que le mari ait autorisé pour qu'il soit responsable, il faut qu'il concoure à l'acte ; mais il peut se faire représenter au contrat. S'il prouve que la femme elle-même en a fait emploi, il sera dégagé de sa responsabilité, alors même que l'emploi n'eût pas été utile. La femme reste toujours soumise à l'autorisation du mari pour l'exercice des actions judiciaires.

La communauté d'intérêts n'existant plus, il faut bien, lors de la dissolution, se préoccuper des charges du mariage. La vie commune continue de subsister quand il n'y a que séparation de biens ; mais, dans le cas de séparation de corps, le ménage n'existe plus. Dans le premier cas, c'est le mari qui règle, c'est contre lui que les créanciers agiront ; mais dans ses rapports avec sa femme, celle-ci doit concourir proportionnellement aux dépenses. En cas de séparation de corps, pour tout ce qui tient à la vie, chacun y pourvoit dans la mesure de ses moyens.

A l'égard des enfants, l'obligation d'entretien et d'éducation continue, et si l'un n'en a pas les moyens, la charge totale retombe sur l'autre.

Quant aux époux eux-mêmes, lorsque l'un d'eux est dans le besoin, l'autre devra lui fournir une pension alimentaire, car le mariage existe encore.

La dissolution ne donne pas ouverture aux droits de survie de la femme, mais celle-ci conserve la faculté de les exercer lors de la mort de son mari.

CHAPITRE VI.

RÉTABLISSEMENT DE LA COMMUNAUTÉ, EN CAS DE DISSOLUTION PAR SÉPARATION.

Le rétablissement de la communauté peut se produire par l'annulation de la séparation. La séparation étant annulée, la dissolution de la communauté disparaît.

Les causes de séparation ayant cessé, les époux peuvent vouloir rétablir la communauté. Si la dissolution résulte de la séparation de corps, il suffit de la réconciliation et du consentement mutuel des époux pour que la communauté reparaisse. Toutefois, si la séparation a été obtenue par un jugement qui a reçu publicité, il faut, pour en détruire les effets, un acte devant notaire et avec minute, qui sera affiché, et cela dans l'intérêt des tiers.

La communauté reprend son effet du jour du mariage, tout comme s'il n'y avait pas eu de séparation.

TITRE II.

RÉGIME DOTAL.

La dot est ce que la femme apporte au mari pour supporter les charges du mariage. Elle existe dans tous les régimes, sauf celui de la séparation de biens.

Sous le régime dotal, la dot est soumise à des règles exceptionnelles : notamment, elle est *inaliénable*.

Le mari doit toute sa fortune, tous ses biens, tous ses revenus, toute son activité au mariage ; la femme contribue aux charges par sa dot : cet apport est la limite de sa contribution. Tous les biens de la femme ne sont donc pas dotaux : ils se divisent en *dotaux* et en *paraphernaux* ou *contra-dotaux*.

L'acceptation de ce régime ne peut être tacite, comme celle du régime de la communauté; la déclaration doit en être expresse dans le contrat de mariage.

DES BIENS DOTAUX.

Sous le régime de la communauté, les tiers ne sont pas intéressés à savoir ce que deviennent les biens de la femme, puisqu'ils ont une triple garantie : 1° la femme, 2° la communauté, 3° le mari.

Le contraire a lieu dans le régime dotal, par suite de l'inaliénabilité de la dot. Sous le régime dotal, la dotalité des biens de la femme ne se présume pas. Il n'y a de biens dotaux que ceux qui ont été placés dans cette catégorie par une déclaration; aussi, dans le doute, il faudra se prononcer contre la dotalité.

La constitution de la dot peut venir soit de la femme, soit d'un tiers : quand elle vient de la femme, il faut une déclaration expresse; quand elle vient d'un tiers, la donation suffit pour faire soumettre les biens au régime dotal. Cette donation, pour constituer la dot, doit être faite par *contrat de mariage.*

La constitution de dot, du côté de celui dont elle émane, est une libéralité; du côté de ceux qui reçoivent, c'est un acte à titre intéressé. Cet acte est soumis aux règles ordinaires de libéralité pour la réduction, s'il y a excès. Il diffère cependant des autres libéralités, en ce que les intérêts de la dot promise courent de plein droit à partir du jour de la célébration du mariage, et, de plus, le donataire doit garantir cette donation.

7

Lorsque les créanciers du donataire pensent que cette donation pour dot a été faite en fraude de leurs droits, ils doivent prouver aussi la complicité du constitué et même celle du conjoint du constitué.

Considérons sur quels biens sera prise la dot constituée, soit conjointement, soit isolément, par les père et mère du constitué :

« Si les père et mère constituent conjointement une dot, sans distinguer la part de chacun, elle sera censée constituée par portions égales.

« Si la dot est constituée par le père seul pour droits paternels et maternels, la mère, quoique présente au contrat, ne sera point engagée, et la dot demeurera en entier à la charge du père.

« Si le survivant des père ou mère constitue une dot pour biens paternels et maternels, sans spécifier les portions, la dot se prendra d'abord sur les droits du futur époux dans les biens du conjoint prédécédé, et le surplus sur les biens du constituant.

« Quoique la fille dotée par ses père et mère ait des biens à elle propres dont ils jouissent, la dot sera prise sur les biens du constituant, s'il n'y a stipulation contraire. »

Le contrat de constitution de dot est toujours une libéralité. Les père et mère n'ont qu'une obligation naturelle de doter ; aussi le législateur soumet les enfants au rapport de la dot reçue par eux. La dot est donc un acte gratuit soumis au rapport.

Qu'arrivera-t-il, si la dot est perdue lors du décès du constituant ?

Si la dot a péri par la faute de la fille, elle doit faire le rapport. Dans le cas contraire, elle en est dispensée.

Si le mari n'avait ni biens ni profession lorsque le père a constitué la dot, la fille ne sera tenue de rapporter à la succession du père que l'action qu'elle a contre celle de son mari pour se faire rembourser.

Si le mari n'est devenu insolvable que depuis le mariage, la perte de la dot tombe uniquement sur la femme. Cette règle s'applique à la dot, soit mobilière, soit immobilière. La loi ne distingue pas le cas d'une fille majeure de celui d'une fille mineure.

La femme peut se constituer tous ses biens présents et à venir, ou tous ses biens présents seulement, ou une partie de ses biens.

Lorsqu'elle s'est constitué *tous ses biens*, cette constitution ne comprend que les biens *présents*. Le bien présent est ici celui sur lequel la femme a non-seulement un droit *actuel*, mais même un droit *éventuel* qui, lorsqu'il se réalisera, réagira au jour de la célébration du mariage.

Quoique la femme puisse se constituer ses *biens à venir*, elle ne pourra pas stipuler la succession d'une personne déterminée.

Lorsque la femme se constitue la portion qui lui revient d'un immeuble indivis, si cet immeuble vient à lui échoir tout entier, il ne sera dotal que pour la portion déjà indiquée; le reste sera un bien paraphernal.

La constitution devient immuable par la célébration du mariage. Justinien avait permis de constituer la dot pendant le mariage; mais le Code civil n'a permis ni de la constituer, ni de l'augmenter. Cependant, le fonds dotal peut être augmenté par cas fortuit; il s'agit alors de conventions entre les époux ou de dispositions de la part des tiers.

De même que la femme ne peut, pendant le mariage, ni se constituer une dot, ni augmenter celle qu'elle avait, de même elle ne peut demander que le bien dotal devienne paraphernal.

Il y a controverse entre les auteurs sur la question de savoir si le donateur pourrait, par une condition, modifier la constitution dotale résultant du contrat de mariage. Il nous semble que rien ne s'oppose à ce que le donateur, faisant une libéralité à la femme qui s'est constitué en dot ses biens présents et à venir, demande que la dot devienne paraphernale. L'article 1543, en effet, défend l'augmentation de la dot, mais ne parle pas de la diminution. Mais le tiers ne peut pas exiger que tel bien, qu'il donnera dans l'avenir, soit dotal, si la femme ne s'est constitué que ses biens présents. La dotalité est une gène par suite de l'inaliénabilité. Le législateur permet cette gène, mais ne veut pas qu'on puisse l'augmenter. Cette condition du tiers sera donc réputée non écrite.

Si le mari, avec la somme dotale, achète un immeuble, cet immeuble ne sera pas dotal, s'il n'y a pas eu une condition d'emploi : il sera personnel au mari, et celui-ci sera débiteur de la somme.

La loi, tout en faisant contribuer la femme aux charges du ménage, au moyen de sa dot, lui en assure pourtant la conservation.

Le mari a divers droits sur la dot : il la reçoit, la jouit et l'administre.

Il a le droit exclusif de recevoir la dot. A Rome, on l'appelait *dominus dotis*, mais il en devait toujours compte. En droit français, il reçoit la dot comme un bien d'autrui sur lequel il a des droits d'administration très-étendus, mais dont il doit toujours répondre.

Le mari peut devenir propriétaire des objets dont se compose la dot, ce qui arrive lorsque l'objet se consomme par le premier usage. Dans ce cas, il est propriétaire et il n'est débiteur que de l'estimation de la chose.

Pour les choses qui ne se consomment pas par le premier usage, la propriété du mari peut résulter d'une déclaration des parties par contrat de mariage. La simple estimation des biens dotaux par contrat de mariage ne suffit pas pour en faire passer la propriété sur la tête du mari, s'ils sont immeubles; si ce sont des objets mobiliers, le mari en devient propriétaire et n'est débiteur que du prix donné au mobilier dans le contrat.

Si le mari a reçu la dot sans en être propriétaire et que l'un des objets vienne à périr par sa faute, il devra l'estimation qui en a été faite par le contrat de mariage, à moins que les époux ne prouvent que l'estimation n'exprime pas la valeur de l'immeuble.

Si le mari devient propriétaire des objets dotaux, il doit faire transcrire le contrat de mariage et il est débiteur de la valeur de ces objets.

Si le mariage n'est pas célébré, toutes les clauses du contrat disparaîtront. Si le mariage se fait, l'estimation des biens reçus est définitive pour les deux époux.

Le mari a aussi le droit exclusif d'administrer la dot. Cette administration engendre pour lui des obligations : il doit administrer en bon père de famille, et il est responsable du préjudice causé. Il peut faire tous les actes de gestion, louer les biens dotaux ; mais ces baux ne peuvent dépasser neuf ans. Il fera les réparations à ses frais. Il peut intenter toutes les actions relatives aux biens dotaux. La femme ne peut agir seule ou avec l'autorisation de la justice, et la question de savoir si la femme peut intenter une action avec l'autorisation de son mari est très-controversée. Si toutefois le mari intente l'action, la femme sera obligée par le jugement.

Le mari peut recevoir des capitaux dotaux ; il sera admis à donner quittance et à consentir la radiation des hypothèques.

Il a seul le droit de percevoir les fruits et les intérêts de la dot. Il n'en doit pas compte, quoiqu'ils excèdent ce qu'il doit dépenser pour les charges du ménage ; c'est ce qui a fait comparer le mari à un *usufruitier*. Il n'en est rien cependant, car ce prétendu droit d'usufruit est censé consacré tout entier aux charges du ménage. Le mari ne peut ni le vendre, ni le céder, ni le louer, et les créanciers ne peuvent lui en ôter la propriété.

La loi ne permet pas de laisser la propriété au mari et la direction à la femme; celle-ci doit sa collaboration personnelle à la marche du ménage, et si, sous la direction du mari, elle réalise des bénéfices, ils appartiendront à celui-ci.

Toutefois, elle a pu par contrat de mariage se réserver tout ou partie de la jouissance. Si là-dessus elle fait des épargnes, ces épargnes lui appartiennent.

Si la femme a une industrie, ce qui lui en revient est à elle; si avec ces épargnes, elle se constitue des capitaux, ces capitaux ne seront dotaux que dans le cas où elle se serait constitué en dot tous ses biens présents et à venir.

Enfin, si le mari fait abandon à sa femme d'une somme d'argent pour le ménage ou pour ses enfants, elle peut réaliser des bénéfices.

Lorsque la femme a acquis à titre intéressé un immeuble, il n'est dotal que dans le cas que nous venons de citer. Elle ne doit pas dire d'où elle a tiré l'argent pour cette acquisition; mais si le mari prouve qu'elle n'avait pas à cette époque les deniers nécessaires, la femme sera débitrice envers lui de ladite somme, à moins qu'elle n'établisse à son tour par quels moyens elle l'avait acquise.

L'*immeuble* donné en payement de la dot constituée *en argent* n'est pas dotal, si la condition d'emploi de la dot n'avait pas été stipulée; mais l'immeuble reste grevé d'une somme égale à la somme dotale.

Nous avons déjà dit que la loi s'était préoccupée d'assurer à la femme la conservation de la dot, qui est considérée comme une chose d'ordre public; aussi le ministère public doit toujours porter la parole dans les affaires concernant la dot. Le mari la reçoit, mais il doit à la femme des garanties pour sa conservation. La première est l'*hypothèque* que la loi accorde à la femme sur tous les biens présents et à venir du mari; mais elle n'a pas de privilége pour la répétition de la dot sur les créanciers antérieurement inscrits.

Le mari est dispensé de fournir caution; cependant, il peut être stipulé par contrat de mariage qu'il en fournira. Celle des garanties qui est le plus souvent employée, c'est l'obligation pour le mari de *faire emploi* de la dot mobilière qu'il reçoit. Cette clause, dont on trouve des traces dans le droit romain, a pour but de faire que la somme dotale, au lieu de se confondre comme valeur avec l'avoir du mari, prenne corps et se change en un objet qui sera dotal. Lorsque la cause d'emploi existe dans le contrat et que cet emploi y est spécifié, il faut s'y conformer. Dans le cas contraire, le mari a le choix sur l'objet qu'il doit acquérir. S'il fait emploi, il peut exiger la dot, et le débiteur de la dot qui la paye est libéré, à moins que l'emploi n'ait été mal fait.

Si le mari tarde trop à acheter l'immeuble, le débiteur de la dot pourra la déposer chez le Payeur général, et le mari la percevra en rentes faites par la caisse des dépôts et consignations.

La dot de la femme est placée dans d'autres conditions que les biens ordinaires : la femme ne peut pas se dépouiller ou être dépouillée par son mari des biens dotaux.

Le principe de l'inaliénabilité consiste en ce que, dans le mariage, aucun acte volontaire de l'un des époux ne peut, ni directement, ni indirectement, conférer à l'époux un droit qui dépouillerait, en tout ou en partie, la femme de la dot.

L'inaliénabilité commence au moment de la célébration et ne finit qu'à la dissolution du mariage. Ce principe nous vient du droit romain.

L'article 1554 du Code civil nous dit que les immeubles

constitués en dot ne peuvent être aliénés ni par le mari, ni par la femme, ni par eux conjointement, sauf des exceptions que nous verrons plus tard. Mais la dot mobilière est-elle aliénable ?

La jurisprudence de la Cour de cassation est fixée pour la négative; les auteurs pensent l'affirmative. A Rome, la dot mobilière était aliénable. Les discussions des législateurs français ne nous éclairent pas suffisamment. Le principe du régime dotal est l'inaliénabilité de la dot; il faut cependant supposer à ce principe de l'inaliénabilité des meubles quelques tempéraments. Par exemple, le mari peut disposer des objets singuliers de la dot mobilière, et le tiers en devient propriétaire incontestable et définitif; mais la femme ne peut en aucune manière s'obliger relativement à ses biens dotaux, elle ne peut même par aucun moyen se décharger de l'hypothèque qu'elle a sur les biens du mari pour sûreté de sa dot mobilière.

L'immeuble dotal peut être aliéné, quand l'aliénation en a été permise par contrat de mariage. S'il y a doute dans l'interprétation des clauses qui la permettent, il faut se prononcer contre. L'hypothèque n'est pas comprise dans l'aliénation.

Si le contrat de mariage permet d'hypothéquer tel immeuble, celui-là seul sera frappé.

Si on dit que la femme peut hypothéquer les immeubles, il ne s'agit toujours que de ceux qu'elle a au moment du contrat de mariage.

On permet quelquefois au mari d'aliéner, mais avec l'obligation de faire remploi des fruits de l'aliénation.

Si la femme a aliéné avec l'autorisation écrite dans le contrat de mariage, mais sans celle du mari, elle doit prouver que le mari a profité des fonds qu'il a touchés. Si celui-ci a autorisé ou a assisté à la vente, il est présumé avoir reçu de l'argent.

On peut signaler quatre classes d'exceptions légales à l'inaliénabilité de la dot :

1° La loi autorise la femme à aliéner la dot pour l'établissement des enfants communs et même pour ceux d'un premier lit. Pour les enfants communs, l'autorisation du mari est nécessaire; elle l'est aussi dans le cas d'enfants antérieurs, mais dans ce dernier cas, si elle est refusée, celle de la justice suffit, pourvu que la femme laisse au mari la jouissance des revenus.

La dot ne peut pas être aliénée pour l'établissement d'un étranger, parent ou ami.

2° L'immeuble dotal peut encore être aliéné avec permission de justice et aux enchères, après trois affiches :

Pour tirer de prison le mari ou la femme;

Pour fournir des aliments à la famille, dans les cas que nous avons énumérés plus haut;

Pour payer les dettes de la femme ou de ceux qui ont constitué la dot, lorsque ces dettes ont une date certaine antérieure au contrat de mariage;

Pour faire de grosses réparations indispensables pour la conservation de l'immeuble dotal;

Enfin, lorsque cet immeuble se trouve indivis avec des tiers et qu'il est reconnu impartageable.

Dans tous ces cas, l'excédant du prix de vente au-dessus des besoins reconnus restera dotal, et il en sera fait emploi comme tel au profit de la femme.

La justice peut autoriser les époux à emprunter une somme d'argent pour subvenir aux charges du ménage, au lieu d'aliéner la dot.

3° La femme qui a commis des délits ou des quasi-délits doit les payer sur sa dot elle-même, malgré le principe d'inaliénabilité; mais si la femme a intenté un procès en dehors de la dot pour ses biens paraphernaux, nous ne croyons pas que la perte de ce procès puisse retomber sur la dot.

Si ce procès ne pouvait être intenté que par elle et qu'elle ait été repoussée, le payement n'aura pas lieu sur la dot; mais si elle gagne, elle payera ce qu'elle devra sur les biens dotaux.

4° L'immeuble dotal peut, avec l'autorisation de la femme, être échangé.

La loi a permis cet échange parce qu'il peut être avantageux pour les deux parties. Le consentement de la femme est nécessaire, mais, comme on a craint que le mari ne l'obtint par pression, on a ajouté l'autorisation de la justice. Encore faut-il justifier de l'utilité de l'échange et de la valeur de l'immeuble d'après une estimation par experts nommés d'office par le tribunal.

L'immeuble reçu en échange sera dotal, ainsi que l'excédant du prix, s'il y en a, et il en sera fait emploi au profit de la femme.

Les immeubles dotaux déclarés aliénables sont imprescriptibles pendant le mariage, à moins que la prescription n'ait commencé à courir avant.

Ils deviennent néanmoins prescriptibles après la séparation de biens, quelle que soit l'époque où la prescription a commencé. L'immeuble dotal ne peut donc perdre aucun de ses droits, à moins que le non-usage n'ait commencé avant le mariage. Cette imprescriptibilité ne s'applique pas à la dot mobilière.

Hors les cas expliqués plus haut, toute aliénation est nulle et peut être attaquée.

Si le mari a aliéné un immeuble dotal, la femme ou ses héritiers pourront faire révoquer l'aliénation après la dissolution du mariage, sans qu'on puisse leur opposer aucune prescription.

La femme a le même droit après la séparation de biens.

Le mari lui-même pourra faire révoquer l'aliénation pendant le mariage, en demeurant soumis aux dommages et intérêts de l'acheteur, s'il n'a pas déclaré dans le contrat que le bien vendu était dotal.

Si la vente a été faite par la femme autorisée de son mari, l'action, pendant le mariage et après la dissolution, appartient au mari.

Si la femme a vendu sans autorisation, l'action pendant le mariage appartient au mari, mais, après la dissolution, la femme ou ses héritiers peuvent ratifier la vente.

La dette contractée par la femme ne peut être poursuivie pendant le mariage ni sur les biens dotaux, ni sur les revenus dotaux, car ce serait le mari qui supporterait ces dettes. Les créanciers ne peuvent attaquer que les biens paraphernaux, s'il y en a.

Si un créancier a fait une saisie sur un immeuble dotal, le mari et la femme peuvent en demander la nullité.

Les créanciers du mari ne peuvent poursuivre le payement de leurs créances que sur les fruits qui excèdent les besoins du ménage. Le mari ne peut pas céder les fruits à venir, et les créanciers ne peuvent, par des saisies-arrêts, arrêter les intérêts à échoir, que le mari aurait intérêt à percevoir.

Le mari et la femme ne peuvent pas transiger sur les biens dotaux, quoique la transaction soit un acte très-utile qui évite des pertes et assure des avantages énormes.

SÉPARATION DE BIENS SOUS LE RÉGIME DOTAL.

La séparation de biens est d'invention romaine. Si la dot est mise en péril, nous dit la loi, la femme peut demander la séparation de biens : le but de la loi est donc d'empêcher la perte de la dot en enlevant au mari les droits qu'il a sur elle, mais sans porter atteinte à la

puissance maritale. Cette séparation est toujours judiciaire.
La dot continue à rester ce qu'elle était, mais la séparation rend les biens prescriptibles, sans toutefois les rendre
aliénables. La femme contribue toujours aux charges du
ménage et aux frais d'éducation des enfants communs.

La séparation n'ayant été prononcée que dans l'intérêt
de la femme, elle peut l'abandonner à son gré.

RESTITUTION DE LA DOT.

L'obligation de la restitution de la dot nait :
1° De la dissolution du mariage;
2° De la séparation de biens;
3° De la séparation de corps;
4° De l'absence déclarée du mari ou de la femme.

La dot doit être restituée à la femme survivante ou à
ses héritiers; elle peut l'être au constituant, si cela a été
stipulé expressément.

Lorsque la femme est restée propriétaire des objets
constitués en dot, le mari doit rendre les mêmes; dans
le cas contraire, il doit l'estimation ou la valeur qu'avaient,
au moment du mariage, les choses fongibles non estimées.

La femme pourra néanmoins, dans tous les cas, retirer
les linges et hardes à son usage actuel, sauf à précompter
leur valeur, lorsque ces linges ou ces hardes auront été
primitivement constitués avec estimation. La loi permet
à la femme de conserver ainsi non-seulement les linges
qu'elle avait au moment du mariage, mais encore les
objets qui servent actuellement à son habillement. La
même chose a lieu dans le cas où l'estimation a été faite
sans déclaration que l'estimation ne vaut pas vente.

Dans l'ancien droit romain, l'obligation de restituer la
dot était pure et simple quand elle avait pour objet des

corps certains; elle était à terme quand il s'agissait d'une somme d'argent.

D'après notre Code, si le mari doit des corps certains, meubles ou immeubles, l'obligation de les restituer est exigible dès qu'elle est née. S'il doit une somme d'argent ou toute autre quantité, la restitution n'en est exigée qu'un an après. Il faut toujours examiner la nature de l'objet dû au moment où naît l'obligation de restituer.

La femme qui demande à son mari la restitution de la dot qui lui a été promise par un tiers doit prouver que le mari a reçu la dot. Cette preuve peut être faite par toutes sortes de moyens.

Tel est le principe, mais il a reçu une exception : le mari est obligé de compter la dot, quoiqu'il ne l'ait pas reçue, lorsque le mariage a duré dix ans depuis l'échéance du terme pris pour le payement de la dot, à moins qu'il ne prouve ses diligences inutiles pour se procurer le payement. Quand la dot est payable à plusieurs termes, elle se fractionne en autant de petites dots payables d'après les règles ci-dessus. Le mot *diligence* a été ici employé par la loi pour laisser aux juges une plus grande liberté d'appréciation.

La femme qui demande la restitution de la dot qu'elle s'est elle-même constituée doit prouver que son mari l'a reçue, et, dans ce cas, si la dot dépasse 150 fr., la preuve testimoniale ou celle du serment n'est pas admise.

Le mari qui avait acquis du jour du mariage le droit de percevoir les fruits et les revenus perd ce droit du jour de la dissolution ou de la séparation.

De plus, la femme a deux avantages qui lui sont personnels : 1° elle peut, au lieu d'exiger les fruits et revenus de sa dot pendant l'année qui suit la dissolution, se faire fournir durant cet espace de temps sa nourriture et son entretien; 2° quel que soit le choix de la femme, la succession du mari lui doit l'habitation pendant une année et les habits de deuil.

Il nous reste à examiner comment se liquident entre les époux et leurs héritiers les intérêts et fruits des biens dotaux.

Selon le droit commun, les fruits civils s'acquièrent jour par jour et les fruits naturels par la perception. Ces règles sont applicables à la communauté comme à un usufruitier ordinaire. Sous le régime dotal, au contraire, les fruits naturels sont traités comme les fruits civils, en ce sens qu'ils s'acquièrent, comme eux, jour par jour.

Cette différence a son explication. Le régime de la communauté établit entre les époux une si grande confusion d'intérêts, qu'il n'est pas nécessaire d'entrer dans un examen tel qu'il faille compter jour par jour. Dans le régime dotal, au contraire, le mari ne perçoit les revenus de la dot que pour supporter les charges du ménage. Cette perception doit donc cesser dès que le ménage n'existe plus.

La loi devait garantir à la femme la restitution de sa dot. En droit romain, elle était garantie par une hypothèque privilégiée sur tous les biens du mari. Aujourd'hui, la loi donne à la femme une hypothèque sur tous les immeubles présents et sur tous les immeubles à venir, à mesure qu'ils entrent dans le patrimoine du mari. Si le mari est propriétaire sous condition résolutoire, l'hypothèque est soumise à la même condition.

Pour la femme commune, il y a plusieurs distinctions à faire au sujet des conquêts.

Si les immeubles n'ont pas été aliénés par le mari durant la communauté, l'hypothèque légale existe, que la femme renonce à la communauté ou qu'elle l'accepte.

Supposons que les immeubles aient été aliénés par le mari durant la communauté. Si la femme accepte la communauté, elle n'a point d'hypothèque légale sur les conquêts aliénés, parce que cette hypothèque serait inconciliable avec les pouvoirs du mari sur la communauté. D'ailleurs, l'acceptation même de la femme est une ratification tacite des aliénations consenties par son mari.

Si la femme répudie la communauté, il y a lieu alors à l'hypothèque légale. En effet, la femme qui renonce est censée n'avoir jamais été commune; les conquêts peuvent être considérés comme ayant toujours été la propriété exclusive du mari, et, comme tous les immeubles du mari sont grevés de l'hypothèque de la femme, il y a encore lieu à l'hypothèque.

La dot est rapportable.

En principe, lorsque la femme succède au constituant, la dot est rapportable suivant les règles ordinaires du rapport. Il y a à ce principe une exception : si le mari était insolvable et n'avait ni art, ni profession, lorsque le père a constitué une dot à sa fille, celle-ci n'est tenue de rapporter à la succession du père que l'action qu'elle a contre celle de son mari. Si, au contraire, le mari n'est devenu insolvable que depuis le mariage, la perte de la dot tombe uniquement sur la femme.

La question de savoir si cette règle est applicable à la femme mariée soit sous le régime de la communauté, soit sous le régime sans communauté, est vivement controversée.

Dans le cas de séparation de biens, la dot doit être restituée immédiatement; la femme est tenue de commencer les poursuites à cet effet dans la quinzaine.

DES BIENS PARAPHERNAUX.

Tous les biens de la femme sont paraphernaux, excepté

ceux qu'elle s'est constitués en dot ou qui lui ont été donnés par contrat de mariage.

Elle en a l'administration et la jouissance, mais elle ne peut les aliéner sans l'autorisation de son mari.

Le mari peut être chargé de leur administration, il peut en avoir la jouissance, et dans ce cas il est tenu de toutes les obligations de l'usufruitier.

Enfin la femme mariée sous le régime dotal est, quant à ses biens paraphernaux, dans la même position que celle mariée sous le régime de la séparation de biens.

Le régime dotal a ses avantages et ses inconvénients. Il protége la femme, assure la restitution de la dot et, par suite, l'avenir des enfants; mais la femme n'étant pas associée aux bénéfices du mari n'est pas suffisamment stimulée à joindre ses efforts à ceux du mari dans l'intérêt du ménage. La loi autorise donc les époux à allier au régime dotal un régime de communauté réduite aux acquêts.

DE LA COMMUNAUTÉ RÉDUITE AUX ACQUÊTS.

La communauté se trouve réduite aux acquêts, non-seulement lorsque le contrat de mariage contient une clause qui exprime formellement cette réduction, mais encore lorsque les époux ont simplement stipulé qu'il y aurait entre eux une communauté d'acquêts, ou lorsqu'ils ont déclaré exclure de la communauté tout le mobilier, présent ou futur.

On entend ici par acquêts ce que les époux acquièrent pendant le mariage à titre onéreux et ce qu'ils gagnent par leur industrie. La communauté réduite aux acquêts ne comprend donc ni le mobilier que les époux possèdent au jour du mariage, ni celui qui leur échoit à titre de succession ou de donation.

Les immeubles acquis durant la communauté, même au moyen de deniers provenant de la vente d'objets appartenant à l'un des époux, ou du remboursement d'une créance à lui propre, forment des acquêts, à moins que l'acquisition n'en ait eu lieu avec déclaration de remploi.

Tout ce que les époux possèdent à la dissolution de la communauté et ce qu'ils ont possédé pendant sa durée est, jusqu'à preuve contraire, réputé acquêt.

L'un des époux n'est, en général, admis à établir contre l'autre la consistance du mobilier qu'il prétend avoir possédé au jour de la célébration du mariage, qu'au moyen d'un inventaire ou d'un état ayant une date certaine antérieure à cette époque. Quant au mobilier qui échoit à l'un des époux pendant le mariage, le mari est tenu de le faire constater par un inventaire en bonne forme. Lorsqu'il a négligé de remplir cette formalité relativement à une succession échue à la femme, celle-ci ou ses héritiers sont admis à faire preuve par témoins, et même par commune renommée, de la valeur du mobilier dépendant de cette succession. Au contraire, lorsque le mari a négligé de faire constater le mobilier d'une succession à laquelle il a été lui-même appelé, il n'est pas reçu à en faire la preuve par témoins, et bien moins encore par commune renommée.

La communauté a, quoique réduite aux acquêts, l'usufruit de tous les biens propres des époux. Cet usufruit est, en général, régi par les mêmes règles que celui qui appartient à la communauté légale. Ainsi, l'époux dont les biens propres ont été améliorés, par suite d'impenses faites par la communauté, doit récompense à celle-ci pour le montant de la plus-value qui est résultée de ces impenses.

Toute clause qui réduit la communauté aux acquêts a pour conséquence d'exclure du passif les dettes même purement mobilières des époux au jour de la célébration

8

du mariage, et toutes celles qui grèvent les successions ou donations qui leur échoient pendant le mariage.

Néanmoins, les créanciers personnels du mari peuvent, sous le régime de la communauté réduite aux acquêts, comme sous celui de la communauté légale, poursuivre le payement de leurs créances, non-seulement sur le patrimoine propre du mari, mais encore sur les biens communs, lorsque le mobilier que la femme a apporté en mariage, ou qui lui est échu depuis, a été confondu dans la communauté sans un inventaire ou état authentique.

Les époux conservent, sous le régime de la communauté réduite aux acquêts, la propriété de tout le mobilier qu'ils apportent en mariage ou qui leur échoit dans la suite. Il en résulte que chacun d'eux profite de l'augmentation de valeur que les objets mobiliers à lui appartenant peuvent recevoir, et demeure, d'un autre côté, chargé des risques de perte et de dépréciation auxquels ils sont soumis. Il en résulte encore que la femme dont le mobilier a été frappé de saisie par les créanciers du mari ou ceux de la communauté est autorisée à en exercer la revendication.

Néanmoins, ces créanciers peuvent poursuivre le payement de leurs créances sur le mobilier de la femme, lorsque la consistance de ce mobilier ne se trouve pas justifiée par un inventaire, sauf, si elle était suffisamment prouvée à l'égard du mari, l'indemnité ou la récompense due à la femme par ce dernier ou par la communauté.

D'un autre côté, les créanciers de la communauté peuvent toujours, comme sous le régime de la communauté légale, poursuivre le payement de ce qui leur est dû sur tous les biens propres du mari.

Le principe que chacun des époux conserve la propriété de son mobilier souffre exception en ce qui concerne les objets qui se consomment par le premier usage, ceux qui par leur nature sont destinés à être vendus, et ceux qui ont été livrés au mari sur estimation, sans déclaration que cette estimation ne devait pas valoir vente.

Le mari est, sous le régime de la communauté réduite aux acquêts, comme sous celui de la communauté légale, administrateur des biens propres de la femme. En cette qualité, il peut valablement aliéner, à titre onéreux, les meubles corporels de cette dernière, et toucher ses capitaux ou les céder par voie de transport.

La communauté réduite aux acquêts se dissout par les mêmes causes que la communauté légale, c'est-à-dire par la mort, par la séparation de corps et par la séparation de biens. La femme jouit de l'option d'accepter ou de répudier la communauté.

Les époux peuvent, en stipulant une communauté réduite aux acquêts, la modifier par toutes sortes de conventions d'ailleurs licites. Ils peuvent convenir que l'actif de la communauté se partagera entre eux par parts inégales, ou même qu'elle appartiendra en totalité au survivant. Mais la clause par laquelle les époux stipuleraient que la communauté sera réduite soit aux acquêts immobiliers, soit aux acquêts mobiliers, devrait être considérée comme non avenue.

TITRE III.

RÉGIME EXCLUSIF DE LA COMMUNAUTÉ.

Sous ce régime, le mari a le droit de percevoir tous les revenus de la femme et d'administrer tous ses biens, mais c'est à lui seul qu'incombent toutes les charges du ménage.

Les biens restent propres, ainsi que les dettes. Les économies du mari lui appartiennent; il est assimilé à un usufruitier universel.

Sous ce régime, les immeubles dotaux sont aliénables. Les biens de la femme lui sont restitués à la dissolution du mariage ou à la séparation de corps ou de biens.

Les règles de restitution sont celles de la dot.

TITRE IV.

SÉPARATION CONVENTIONNELLE DE BIENS.

Les règles de cette séparation de biens sont à peu près celles qui régissent la séparation judiciaire.

Il y a cependant deux différences :

1° Dans notre cas, les charges du ménage sont supportées par les deux époux dans les proportions indiquées au contrat; à défaut de règlement, la femme ne les supporte que jusqu'à concurrence du tiers de ses revenus, sauf *nécessité*.

2° La séparation conventionnelle de biens est irrévocable.

La femme mariée sous ce régime peut demander la séparation judiciaire.

TITRE V.

Nous venons d'étudier les quatre régimes que la loi propose aux contractants et que ceux-ci peuvent adopter sans modification. Nous allons compléter notre travail par l'examen des différentes clauses au moyen desquelles ces systèmes peuvent être modifiés.

L'art. 1497 du Code civil énumère les clauses les plus usuelles modificatives de la communauté légale :

I. De la clause qui exclut de la communauté le mobilier, en tout ou en partie.

L'exclusion de communauté peut résulter d'une déclaration expresse ou bien être la conséquence d'une autre déclaration. Ainsi, on peut dire que tout le mobilier présent et futur sera exclu ; comme aussi, lorsqu'il est stipulé que le mobilier tomberait dans la communauté jusqu'à concurrence du quart ou du tiers, le surplus est censé avoir été réservé.

Du moment où cette stipulation a été faite, l'époux débiteur doit prouver que le mobilier qui entre de son chef dans la communauté représente bien la valeur promise et dont il est obligé de faire l'apport. Pour cette justification, il suffit, quant au mari, qu'il déclare dans le contrat que son mobilier est de telle valeur ; quant à la femme, elle prouve sa libération par une quittance que lui donne le mari, représentant de la communauté.

Lors de la dissolution du mariage, chaque époux a le droit de prélever tout ce qui excède son apport, c'est-à-dire tout ce qui a été exclu expressément ou tacitement, et l'on suit à cet égard, pour les reprises, les règles de la communauté légale.

Dans ce cas, il s'agira de déterminer la valeur des objets qu'on réclame et qui sont restés propres. Si c'est le mari qui exerce ses reprises, la preuve ne pourra résulter que d'un inventaire ou de tout autre titre équivalent. Si c'est au contraire la femme, elle pourra faire sa preuve par témoins et par commune renommée.

II. De la clause d'ameublissement.

Lorsque la fortune de l'un des époux est purement mobilière, tandis que celle de l'autre est purement immobilière, s'ils se marient sous le régime de la communauté légale, la fortune de l'un tombera tout entière dans la communauté, tandis que l'autre conservera la sienne en totalité. L'égalité serait donc blessée. Deux moyens existent pour la rétablir : 1° l'époux dont la fortune est mobilière peut la réaliser en l'excluant de la communauté; chaque époux conserve alors ses biens présents; 2° l'époux dont la fortune est immobilière peut ameublir ses immeubles et les faire tomber dans la communauté. L'ameublissement est donc la clause par laquelle les époux font entrer dans la communauté les immeubles qui seraient des propres sous le régime de la communauté purement légale.

L'ameublissement est déterminé ou indéterminé. Il est déterminé lorsque les immeubles ameublis sont mis dans la communauté d'une manière absolue, c'est-à-dire sans restriction à une certaine somme : il en est ainsi lors même que l'ameublissement n'a pour objet qu'une quote-part, par exemple, la moitié ou le tiers d'un ou de plusieurs immeubles. Il est indéterminé lorsque les immeubles ameublis ne sont mis dans la communauté que jusqu'à concurrence d'une certaine somme.

La clause par laquelle l'un des époux promet d'apporter une certaine somme à prendre sur ses biens meubles et immeubles ne renferme pas d'ameublissement, à moins que cet époux n'ait, en même temps, déclaré que ses immeubles seraient ameublis jusqu'à concurrence de la somme promise; car toute clause d'ameublissement doit être interprétée restrictivement. Ainsi, l'ameublissement des immeubles futurs ne s'étend pas aux immeubles présents. L'ameublissement de tous les immeubles ne doit même, en général, s'entendre que des immeubles présents.

Les effets de l'ameublissement varient, selon qu'il est déterminé ou indéterminé.

1° De l'ameublissement déterminé.

L'ameublissement déterminé, qu'il soit général ou particulier, fait passer à la communauté la propriété des immeubles qui en forment l'objet, et les assimile d'une manière absolue aux conquêts immeubles. Il en résulte que la communauté supporte· seule les risques de perte ou de détérioration auxquels ces immeubles sont soumis, et qu'elle profite de l'augmentation de valeur qu'ils peuvent recevoir. Il en résulte encore que le mari peut, sans le consentement de la femme, les aliéner à titre onéreux. Il en résulte, enfin, que les immeubles ameublis doivent, lors du partage, être compris dans la masse commune, comme tous les autres biens de la communauté. Toutefois, l'époux du chef duquel ils proviennent ou ses héritiers ont la faculté de les reprendre, en les précomptant sur leur part pour la valeur qu'ils ont au jour du partage.

Lorsqu'une clause d'ameublissement déterminé a pour objet un ou plusieurs immeubles nominativement désignés, elle rend l'époux qui a fait l'ameublissement garant, envers la communauté, de l'éviction de ces immeubles. Il en est autrement des clauses d'ameublissement général, et même des clauses d'ameublissement particulier qui ont pour objet plusieurs immeubles désignés d'une manière collective.

Les clauses d'ameublissement particulier laissent les époux, en ce qui concerne leur dette, sous l'empire des règles qui régissent la communauté légale. Ainsi, l'époux qui a fait un ameublissement de cette nature reste, quelle

que soit la valeur des immeubles ameublis, chargé de
toutes ses dettes immobilières et de toutes les dettes, même
mobilières, grevant les successions ou donations immobilières qui lui échoient pendant le mariage. Toutefois, il ne
doit pas récompense à la communauté pour le montant
des dettes relatives aux immeubles par lui ameublis et
que celle-ci aurait acquittées.

Les clauses d'ameublissement général ont pour effet de
faire tomber dans le passif de la communauté, et d'une
manière absolue, c'est-à-dire sans récompense, les dettes
dont l'époux qui a consenti l'ameublissement serait, sous
le régime de la communauté légale, resté chargé, en tant
que propriétaire des immeubles ameublis. Ainsi, l'époux
qui a ameubli tous ses immeubles présents ne doit aucune
récompense à la communauté, à raison des dettes relatives
à ces immeubles. Ainsi encore, lorsque l'un des époux
a ameubli tous ses immeubles futurs, la communauté est
chargée, tant à son égard qu'envers les tiers, des dettes
grevant les successions immobilières qui lui échoient pendant le mariage.

2º *De l'ameublissement indéterminé.*

L'ameublissement indéterminé ne rend pas la communauté
propriétaire des immeubles qui en forment l'objet. Il n'a
d'autre effet que de donner à la communauté un droit
de créance, en vertu duquel l'époux qui a consenti l'ameublissement est tenu, lors de la dissolution de la communauté, de comprendre dans la masse commune, jusqu'à
concurrence de la somme pour laquelle l'ameublissement
a eu lieu, les immeubles ou une partie des immeubles
ameublis.

De là résultent les conséquences suivantes :

1º Le mari ne peut, sans le consentement de la femme,

aliéner les immeubles que celle-ci a ameublis. La loi l'autorise cependant à les hypothéquer, sans ce consentement, jusqu'à concurrence de la somme pour laquelle l'ameublissement a été consenti.

2° L'époux qui a fait un ameublissement indéterminé n'est pas débiteur de la somme pour laquelle il l'a consenti, mais des immeubles qui en font l'objet. Ainsi, lorsque la valeur de ces immeubles est inférieure à la somme pour laquelle ils ont été ameublis, l'époux qui a consenti l'ameublissement n'est pas tenu de compléter cette somme sur le surplus de ses biens. Ainsi encore, l'obligation de cet époux s'éteint, en totalité ou en partie, par la perte totale ou partielle des immeubles ameublis.

3° Lorsqu'un ameublissement indéterminé a pour objet un ou plusieurs immeubles nominativement désignés, l'époux qui l'a consenti est garant de l'éviction de ces immeubles. Mais si l'ameublissement porte sur la totalité ou sur une quote-part des immeubles de l'un des époux, et même, en général, s'il porte sur plusieurs immeubles désignés d'une manière collective, l'époux qui l'a consenti n'est pas garant de l'éviction d'un ou plusieurs de ces immeubles.

4° Lorsque les immeubles ameublis ont été aliénés et que le prix d'aliénation a dépassé la somme pour laquelle ils avaient été ameublis, l'époux du chef duquel ils proviennent a, pour l'excédant du prix, une créance en reprise contre la communauté.

5° Si, lors de la dissolution de la communauté, les immeubles ameublis se trouvent encore dans la possession des époux, celui d'entre eux qui a fait l'ameublissement est tenu de les comprendre dans la masse commune. La femme ne peut s'affranchir de cette obligation en renonçant à la communauté. Cependant, l'époux qui a consenti un ameublissement est autorisé à retenir les immeubles qui

en font l'objet, en faisant, de toute autre manière, raison à
la communauté de la somme pour laquelle il les avait
ameublis. A plus forte raison, l'époux qui a ameubli
plusieurs immeubles dont la valeur excède la somme pour
laquelle il a fait l'ameublissement a le droit d'indiquer
ceux de ses immeubles qu'il entend comprendre dans la
masse commune. Du reste, lorsque la femme retire ainsi
des immeubles par elle ameublis, ces immeubles restent
soumis aux hypothèques dont le mari les a grevés durant
la communauté.

III. De la clause de séparation des dettes.

Les futurs époux peuvent, tout en faisant tomber dans la
communauté leur mobilier présent et à venir, stipuler que
la communauté ne sera pas chargée de leurs dettes ou de
celles de l'un d'eux.

Cette convention, appelée *clause de séparation de dettes,*
ne s'applique, quelque généraux que soient les termes
dans lesquels elle est conçue, qu'aux dettes dont les époux
se trouvent grevés au jour de la célébration du mariage.
Ainsi, les dettes que les époux contractent pendant le
mariage et celles qui grèvent les successions qui leur
échoient restent, sous les distinctions établies au Code, à
la charge de la communauté.

Une dette est à considérer comme ayant existé dès avant
la célébration du mariage, lorsque le fait qui y a donné
naissance est antérieur à cette époque. Peu importe que
la dette n'ait été liquidée que plus tard, ou qu'elle fût
subordonnée à une condition qui ne s'est réalisée que pendant le mariage. Ainsi, l'amende et les réparations civiles
auxquelles l'un des époux a été condamné pendant le
mariage, à raison d'un délit commis avant le mariage, sont
comprises dans la convention de séparation de dettes. Mais

Il en est, en général, autrement des dettes grevant une succession mobilière qui, ouverte avant le mariage au profit de l'un des époux, n'a été acceptée que depuis cette époque.

Du reste, la clause de séparation de dettes s'étend non-seulement aux dettes des conjoints envers des tiers, mais encore à celles dont l'un d'eux est débiteur envers l'autre.

La clause de séparation de dettes produit entre les époux les effets suivants :

1° Chacun des époux est tenu à récompense envers la communauté pour le montant des dettes restées à sa charge, lorsqu'elles ont été acquittées des deniers communs; peu importe que le mobilier respectif des époux ait été ou non constaté par un inventaire régulier. Lorsque l'existence d'une pareille dette et son payement pendant la communauté se trouvent établis, il y a présomption qu'elle a été acquittée des deniers de la communauté. La femme doit récompense, même pour le montant des dettes dont l'existence ne se trouve pas constatée par un acte ayant une date certaine antérieure au mariage. Elle ne peut, en renonçant à la communauté, s'affranchir de l'obligation d'indemniser le mari des dettes qu'il a acquittées à sa décharge.

2° Il ne s'opère aucune confusion entre les dettes dont les époux se trouvaient débiteurs l'un envers l'autre. Ainsi, par exemple, lorsque la femme était débitrice du mari, elle doit, en cas d'acceptation de la communauté, bonifier à celui-ci ou à ses héritiers la moitié, et, en cas de renonciation, la totalité de sa dette.

Du reste, la communauté demeure, malgré la clause de séparation de dettes, chargée, à partir du mariage, de toutes les dettes.

La clause de séparation de dettes reste, durant la communauté, sans effet à l'égard des créanciers du mari.

Ceux-ci sont donc autorisés, comme sous le régime de la communauté légale, et lors même que la consistance du mobilier du mari et de celui de la femme aurait été régulièrement constatée, à poursuivre le payement de leurs créances sur tous les biens de la communauté, sans distinction des objets qui y sont tombés du chef du mari et de ceux qui y sont entrés du chef de la femme.

Mais cette clause modifie, même durant la communauté, les droits des créanciers de la femme, lorsque le mobilier que celle-ci a apporté, ou qui lui est échu pendant le mariage, a été constaté au moyen d'un inventaire ou d'un état authentique. Dans ce cas, ces créanciers ne peuvent poursuivre le payement de leurs créances que sur le mobilier qui est entré dans la communauté du chef de leur débitrice. Le mari demeure quitte envers eux en leur abandonnant tout ce qui reste de ce mobilier et en leur tenant compte de la valeur des objets qu'il ne représente point.

Après le partage de la communauté, la clause de séparation de dettes devient efficace à l'égard tant des créanciers du mari que de ceux de la femme, lors même que le mobilier respectif des époux n'a pas été régulièrement constaté. Les créanciers de l'un des époux ne peuvent donc plus poursuivre l'autre en payement de la moitié de leurs créances.

IV. De la faculté accordée à la femme de reprendre son apport franc et quitte.

La loi permet à la femme de stipuler dans son contrat de mariage qu'elle pourra, en renonçant à la communauté, reprendre son apport et laisser les dettes au mari. Déjà, dans le régime de la communauté légale, elle pouvait se soustraire au payement des dettes en renonçant à la communauté et en perdant son apport; mais, ici, la situation est bien autrement favorable, puisqu'elle a la chance de gagner sans courir celle de perdre.

Cependant, la faculté de reprendre le mobilier apporté lors du mariage ne peut s'étendre à celui qui serait échu depuis.

De plus, la stipulation ne peut s'étendre au profit de personnes autres que celles désignées : ainsi, la faculté accordée à la femme ne s'étend pas aux enfants; celle accordée à la femme et aux enfants ne s'étend pas aux héritiers ascendants et collatéraux.

Dans tous les cas, la femme qui reprend son apport reste chargée des dettes qui sont tombées de son propre chef dans la communauté. Pour l'actif, elle devient créancière de la communauté, qui lui devra la valeur de ses biens.

V. Du préciput conventionnel.

La clause de *préciput* est celle par laquelle les futurs époux conviennent que l'un d'eux prélèvera, avant partage, sur la masse partageable, soit une somme, soit des objets en nature, soit un corps certain.

La femme survivante n'a droit à ce prélèvement que lorsqu'elle accepte la communauté, à moins que, dans le contrat de mariage, elle ne se soit réservé ce droit, même dans le cas de renonciation.

L'avantage résultant du préciput n'est pas regardé comme une libéralité sujette aux formalités des donations, mais une convention de mariage contre laquelle les enfants du premier lit peuvent seuls exercer l'action en réduction.

Ordinairement, le préciput est stipulé sous la condition de survie de l'époux préciputaire, et il s'ouvre alors lorsque l'époux qui n'est pas préciputaire meurt avant son conjoint.

Dans le cas où la communauté serait dissoute autrement que par la mort de l'un des époux, il n'y aurait pas lieu à la délivrance du préciput. Les choses resteraient en l'état, mais la femme préciputaire pourrait exiger caution de son mari.

La clause de préciput n'est pas opposable aux créanciers de la communauté, qui peuvent faire vendre les biens, sauf le recours de l'époux préciputaire.

VI. Des clauses par lesquelles on assigne à chacun des époux des parts inégales dans la communauté.

Dans les sociétés ordinaires, les parts des associés sont proportionnelles à leurs apports; dans la communauté, au contraire, les parts des époux sont égales.

Néanmoins, ceux-ci peuvent modifier ces dispositions de la loi en stipulant que *l'un d'eux prendra une part plus forte ou moindre que la moitié*, et même sous la condition que l'époux survivra.

Dans le cas ou l'époux ou ses héritiers n'auront qu'une certaine part dans la communauté, ils ne devront supporter dans le passif qu'une part proportionnelle à l'actif recueilli. Toute clause contraire serait nulle.

Il peut être stipulé que *tel époux n'aura à prétendre qu'à une certaine somme pour tout droit de communauté*. Dans ce cas, la clause est un forfait dont chaque époux ou ses héritiers subissent les conséquences, en ce sens qu'ils seront obligés de payer la somme convenue, que la communauté soit bonne ou mauvaise.

Toutefois, si le forfait n'a été établi qu'à l'égard des héritiers de l'époux, celui-ci, dans le cas où il survit, a droit au partage par moitié.

Le mari ou ses héritiers détenteurs de la totalité de la communauté sont tenus d'en acquitter toutes les dettes ; dans ce cas, la femme ni ses héritiers n'ont point à redouter l'action des créanciers.

Si c'est en faveur de la femme qu'a été stipulée la clause, elle aura le droit de payer la somme en se chargeant de toutes les dettes, ou bien de renoncer à la communauté en laissant aux héritiers du mari l'actif et le passif.

Enfin, les époux peuvent convenir que *la communauté appartiendra à l'un d'eux*. Dans ce cas, l'époux survivant prendra la communauté tout entière, avec cette nuance que le mari sera tenu, que la communauté soit bonne ou mauvaise, tandis que la femme conserve le droit de renoncer.

Néanmoins, l'époux qui prendra la communauté devra restituer à l'autre ou à ses héritiers les biens tombés dans la communauté du chef de cet époux.

VII. De la communauté à titre universel.

Les époux peuvent mettre en commun leurs biens meubles et immeubles présents et à venir, ou tous leurs biens présents seulement, ou tous leurs biens seulement.

Comme, dans ce cas, il peut encore se faire que les époux aient des biens propres, par exemple ceux qui leur ont été donnés à la condition qu'ils ne tomberont pas dans la communauté, les dettes relatives à ces propres resteront personnelles.

Les dispositions par lesquelles les époux peuvent régir leur association ne sont pas limitées à celles que nous venons d'énoncer. Ils peuvent faire comme ils le jugent à propos, pourvu toutefois que leurs conventions ne soient pas contraires aux bonnes mœurs. Ils ne doivent pas déroger non plus aux droits résultant de la puissance maritale. Enfin, il ne leur est pas permis de faire une convention ou renonciation dont l'objet serait de changer l'ordre légal des successions.

TABLE DES MATIÈRES.

ALBI. — IMPRIMERIE ERNEST DESRUE.

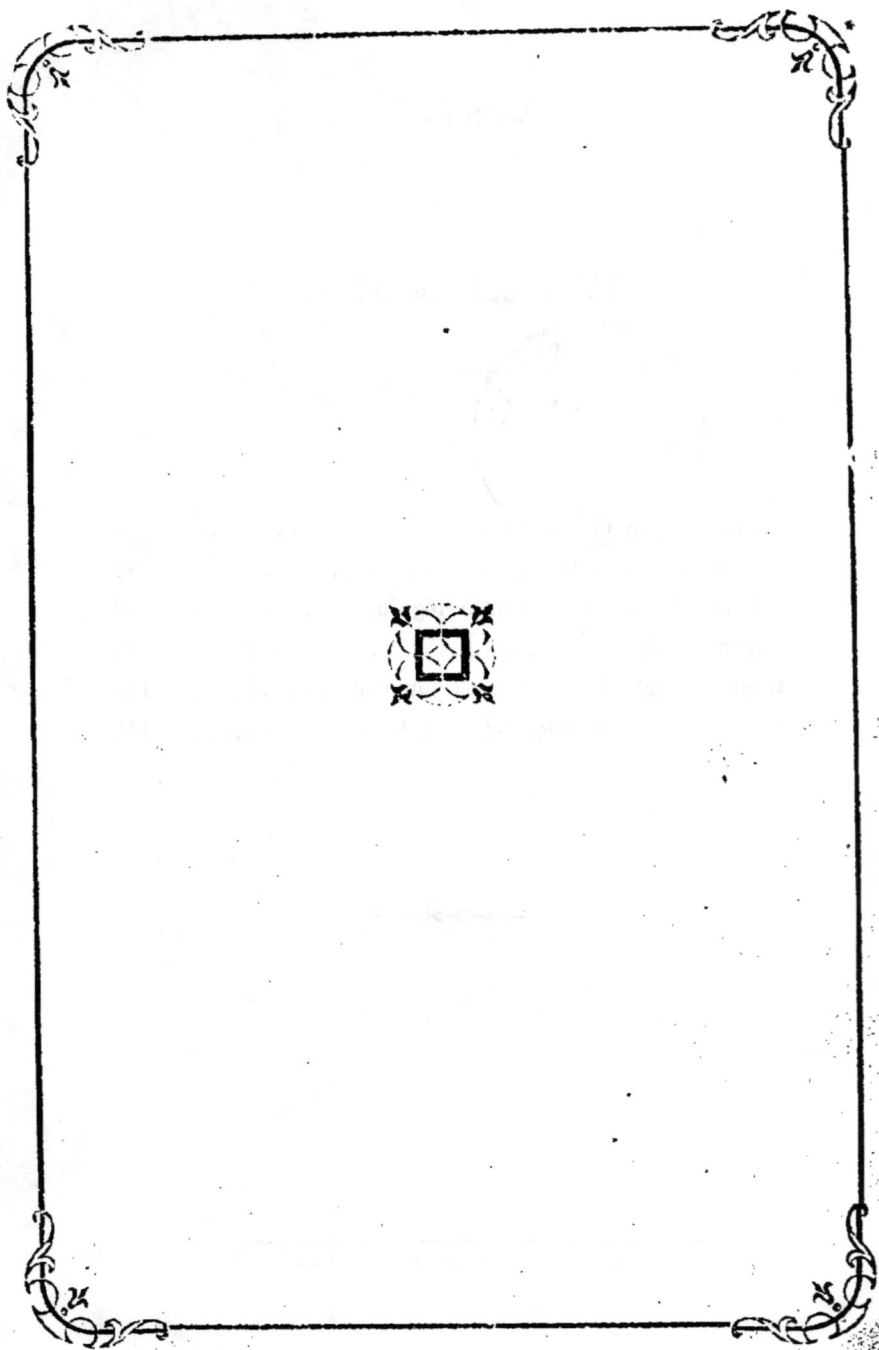

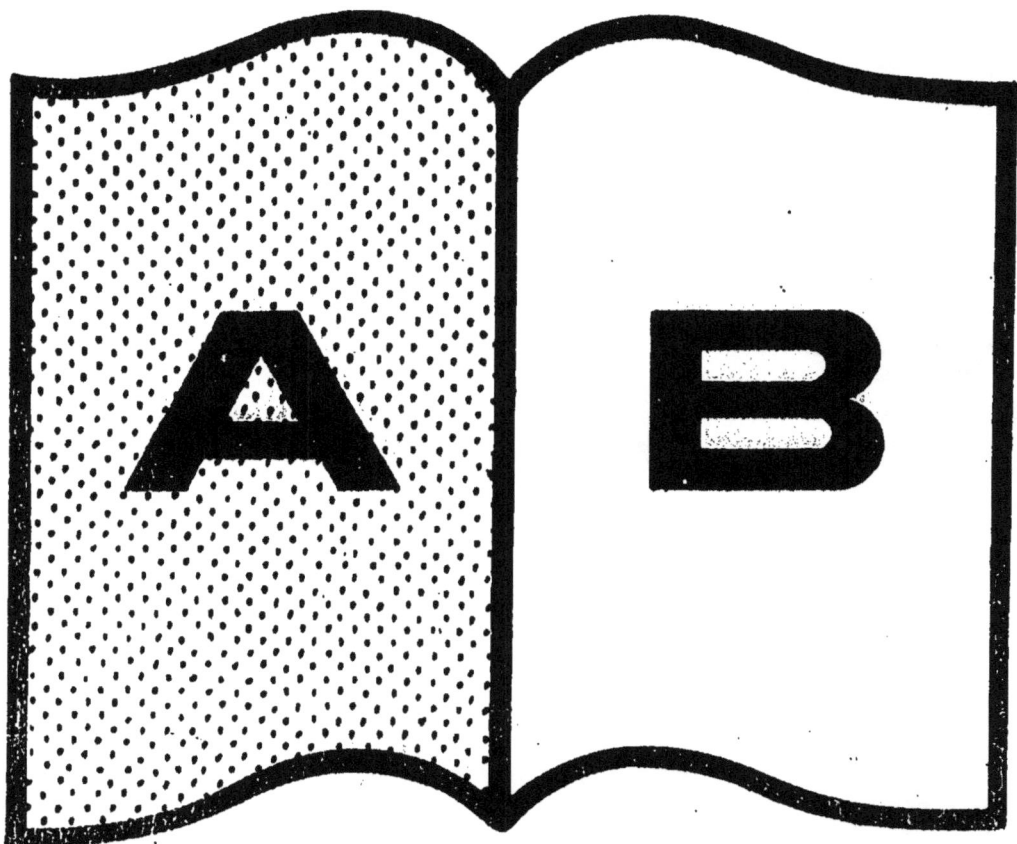

Contraste insuffisant

NF Z 43-120-14

www.ingramcontent.com/pod-product-compliance
Lightning Source LLC
Chambersburg PA
CBHW072314210326
41519CB00057B/5063